Corneille

Le Cid (1637)

Texte intégral

LE DOSSIER

Une tragi-comédie de l'honneur

L'ENQUÊTE

Il était une fois le duel...

Notes et dossier
Pascale Philberg
agrégée de lettres classiques

Collection dirigée par
Bertrand Louët

Hatier

Sommaire

ISBN : 978-2-401-02818-0

En lien avec ce livre, retrouvez sur **YouTube, Théâtre Hatier** des extraits vidéo de la mise en scène de Sandrine Anglade (2013).

* Les mots suivis d'un * sont définis dans les lexiques.

Qui sont les personnages ?

Les personnages principaux

RODRIGUE

C'est le héros de la pièce : jeune, beau et noble, il est guidé avant tout par le sens de l'honneur. Fils de don Diègue et amoureux de Chimène, il est contraint de venger l'honneur de son père au risque de perdre celle qu'il aime. À la fin de la pièce, il est devenu « le Cid », un valeureux capitaine apte à servir et à défendre son roi.

CHIMÈNE

Fille de don Gomès, elle aussi est jeune, belle et volontaire. Elle aussi n'obéit qu'à son devoir et le meurtre de son père par Rodrigue l'oblige à réclamer vengeance. Mais, profondément amoureuse de Rodrigue, elle est en perpétuel débat avec elle-même.

Les personnages secondaires

L'INFANTE : fille de don Fernand, elle est secrètement éprise de Rodrigue. Elle favorise les amours de Rodrigue et Chimène mais n'en apprécie pas moins la multiplication des obstacles qui se dressent entre eux.

DON GOMÈS

Le Comte, vaillant et orgueilleux capitaine, est le père de Chimène.

DON FERNAND

Roi de Castille, souverain juste mais ferme qui attend de ses capitaines des victoires contre les Maures et exige de ses sujets une obéissance absolue. C'est à lui que revient la décision finale.

DON DIÈGUE

Grand seigneur castillan maintenant âgé, autrefois vaillant guerrier au service de son roi, qui lui accorde toute sa confiance, don Diègue est le père de Rodrigue.

DON SANCHE : amoureux de Chimène, proche du Comte et avide de gloire, il est un rival de Rodrigue.

LES GOUVERNANTES : Elvire, conseillère de Chimène ; **Léonor**, confidente de l'Infante.

LES GENTILHOMMES DU ROI : don Arias et don Alonse conseillent le roi et influencent ses décisions.

Quelle est l'histoire ?

Les circonstances

Séville au XIe siècle : les Maures (ou Mores) menacent d'envahir le royaume catholique de Castille, qui est alors le plus important d'Espagne. Le roi don Fernand compte sur ses nobles capitaines pour endiguer leurs assauts. Mais les passions et les intérêts personnels risquent de tout compromettre.

L'action

1. Une querelle éclate entre deux grands du royaume de Castille, rivaux auprès du roi, au cours de laquelle don Gomès gifle don Diègue (acte I). Rodrigue venge l'honneur bafoué de son père en tuant au cours d'un duel le père de celle qu'il aime, don Gomès (acte II).

2. Chimène, malgré l'amour qui la lie à Rodrigue, réclame justice à don Fernand : Rodrigue doit mourir puisqu'il a tué son père et désobéi à son souverain qui interdit les duels (acte III).

Frontispice pour Le Cid, réalisé par H. David pour l'édition de 1660. Paris, BNF.

Le but

Le récit des aventures héroïques du Cid – aventures inspirées de faits historiques – est l'occasion d'une réflexion à la fois morale et politique.
Réflexion morale : quelle valeur doit primer, de l'honneur ou de l'amour ? Le respect de la loi des pères doit-il empêcher le bonheur des enfants ?
Réflexion politique : le pouvoir royal peut-il rétablir la justice ?

3. Cependant, Rodrigue devient un capitaine irremplaçable pour don Fernand lorsqu'il remporte une victoire héroïque contre les Maures : que va décider le roi (acte IV) ?

4. Chimène obtient qu'un duel judiciaire tranche la question : don Sanche, son champion, est vaincu par Rodrigue. Le roi n'a plus qu'à obtenir la réconciliation des deux amants (acte V).

Qui est l'auteur ?

Pierre Corneille (1606-1684)

● UN JEUNE DRAMATURGE À L'ÉPOQUE DE LOUIS XIII

Pierre Corneille naît dans une famille bourgeoise de Rouen, le 6 juin 1606. Ses études chez les jésuites lui donnent une solide culture classique et le goût du théâtre. En 1629, à 23 ans, il compose sa première comédie, *Mélite*, qu'il fait jouer à Paris. Il écrit ensuite des comédies (*La Place royale*, 1634 ; *L'Illusion comique*, 1636) et, encouragé par Richelieu, devient membre de la future Académie française.

● 1637 : LE SUCCÈS ET LA QUERELLE DU *CID*

En 1637, *Le Cid* triomphe au théâtre du Marais. Mais son auteur est accusé de ne pas respecter les règles du théâtre classique*. Richelieu charge alors l'Académie française de juger l'affaire. Blessé, Corneille n'écrit plus pour le théâtre pendant trois ans.

● DE LA GLOIRE À L'OUBLI

Corneille retrouve le succès avec plusieurs tragédies plus respectueuses des règles classiques dont les sujets sont puisés dans l'histoire antique romaine : *Horace* (1640), *Cinna* (1641), *Polyeucte* (1642), et une comédie, *Le Menteur* (1643).

Mais le nouveau roi Louis XIV protège des auteurs plus jeunes comme Racine ou Molière ; les pièces de Corneille ne triomphent plus avec la même régularité : *Tite et Bérénice* (1670) est ainsi supplantée par la *Bérénice* de Racine. L'échec de sa tragédie *Suréna* (1674) décide l'auteur à se retirer de la scène. Dramaturge reconnu mais passé de mode, Il s'éteint le 1er octobre 1684 à Paris, à l'âge de soixante-dix-huit ans.

7 janvier 1637
Le Cid triomphe au théâtre du Marais

Un triomphe

La première a lieu le 7 janvier 1637 à Paris, au théâtre du Marais. C'est Montdory qui tient le rôle de Rodrigue ; à quarante-six ans, il est considéré comme le plus grand acteur de son temps. « Tout Paris a pour Rodrigue les yeux de Chimène. » C'est un triomphe ! Le texte est publié dès le mois de mars et Louis XIII exige trois représentations au palais du Louvre...

La « querelle » du Cid

Ce triomphe suscite la jalousie des rivaux de Corneille et la polémique fait rage de février à décembre 1637 : selon ses détracteurs, Corneille a copié de trop près sa source espagnole ; il a contrevenu aux règles naissantes de la tragédie classique ; il a heurté la bienséance ; enfin ses vers sont mal écrits. Richelieu demande à l'Académie française d'arbitrer le débat : celle-ci propose des aménagements que Corneille commence par refuser... Il remanie cependant sa pièce et en fait définitivement une tragédie !

Un succès sans fin

Depuis lors, le succès de la pièce ne s'est jamais démenti : entré au répertoire de la Comédie française dès sa création en 1680, *Le Cid* y a été joué plus de 1 200 fois, dont la dernière fois en 2006... La querelle était-elle politique ou poétique ? Quoi qu'il en soit, le public a toujours répondu présent.

Jean de Saint-Igny, Représentation au Palais-Cardinal, 1641. Paris, musée des Arts décoratifs.

Que se passe-t-il à l'époque ?

Sur le plan politique

● UN DÉBUT DE RÈGNE DIFFICILE

À la mort d'Henri IV, en 1610, Louis XIII n'a que 8 ans et demi. Sa mère, Marie de Médicis, gouverne avec l'aide de ses favoris italiens. Sa régence est marquée par la Fronde, rébellion des nobles contre le pouvoir du Roi. En 1615, Marie de Médicis organise le mariage de Louis (futur Louis XIII) avec Anne d'Autriche, infante d'Espagne.

● L'AFFIRMATION DE LA MONARCHIE ABSOLUE

En 1617, le jeune roi s'affranchit de l'autorité de sa mère. Il rétablit la paix avec l'aide de Richelieu, son tout puissant Premier ministre, et lutte avec dureté contre ses opposants (révoltes des protestants, complots des aristocrates, soulèvements populaires).

● UNE PÉRIODE DE GUERRE

Rival de Louis XIII, Philippe IV d'Espagne règne sur un vaste territoire qui encercle la France ; il est allié à l'empereur d'Autriche, membre comme lui de la dynastie des Habsbourg. La France déclare la guerre à l'Espagne en mai 1635 : elle entre ainsi dans la guerre de Trente Ans (1618-1648), marquée par les conflits entre catholiques et protestants.

Dans le domaine des arts et des lettres

● LA POLITIQUE ARTISTIQUE DE RICHELIEU

Nommé ministre en 1629, Richelieu souhaite assurer la grandeur du royaume par les arts et pratique un puissant mécénat. Il s'engage dans la promotion et la protection d'un art officiel susceptible de refléter le renouveau moral et les valeurs de la monarchie autoritaire. Celui-ci s'incarne notamment dans la création de l'Académie française en janvier 1635.

● LE RENOUVEAU DU THÉÂTRE

Passionné par cet art, Richelieu crée une grande salle de théâtre dans son palais (le futur Palais-Royal). Il y fait représenter les œuvres de nombreux auteurs dont Corneille... Il s'appuie aussi sur des théoriciens du théâtre pour donner à ce genre une place nouvelle, celle d'un divertissement à portée politique.

● DU BAROQUE AU CLASSICISME

Depuis la fin du XVIe siècle, les œuvres baroques* se caractérisent par une fantaisie extrême et le goût de l'artifice. Au théâtre, les pièces multiplient les intrigues, les péripéties... Mais dans les années 1620-1630 se fait jour une aspiration à plus de rigueur et d'harmonie. De nouvelles règles se mettent en place que le poète Boileau résumera ainsi à la fin du siècle : « Qu'en un lieu, qu'en un jour, un seul fait accompli / Tienne jusqu'à la fin le théâtre rempli. »

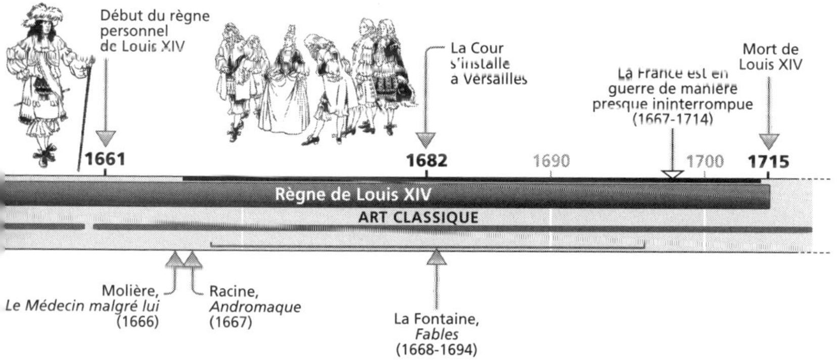

Entretien

avec **Sandrine Anglade**,
metteur en scène du *Cid*.

« **Sandrine Anglade, pourquoi avoir choisi de mettre en scène *Le Cid* ?**

J'avais envie d'interroger l'alexandrin cornélien, envie de m'atteler à une grande pièce épique du répertoire, envie de travailler cette langue et cette fougue avec des acteurs au compagnonnage fidèle.

De quel texte êtes-vous partie ?

Il n'existe pas moins de trois versions du *Cid* (1637, 1648, 1660) au cœur desquelles Corneille remanie des vers, met en exergue le passage d'une monarchie à une autre (de Louis XIII à Louis XIV). La version établie s'inspire pour l'essentiel de celle de 1637, *Le Cid* de la jeunesse, plus fougueux, plus archaïque parfois dans la langue.

Quels ont été vos partis pris dans la mise en scène ?

Au fil du travail se sont imposés des choix.
Par exemple, celui de synthétiser les rôles en de grandes figures. J'ai ainsi été conduite à supprimer les servantes pour ne préserver que les deux rôles féminins centraux : l'infante et Chimène. Celles-ci incarnent deux façons de s'affronter à l'amour et au politique du point de vue de la femme, dans une société de guerriers. L'information, le commentaire sont portés par un messager-chœur qui exprime le sens commun.

Quelle place occupe la musique dans votre spectacle ?

La musique tient toujours une grande place dans les projets de la Compagnie. Elle est ici celle de l'alexandrin sous-tendu par la frappe de la batterie, qui dit le temps, déchire le silence ou accompagne la vibration des mots, scande rageusement la montée en puissance d'un monde en guerre(s).

Comment le décor a-t-il été conçu ?

Le décor veut n'être que mouvement, maillage du temps qui avance inéluctablement. Il est dominé par trois grands mâts en aluminium, portant des drisses noires. Ces mâts tournent lentement sur eux-mêmes, intimant aux drisses autant d'architectures différentes.
Un grand ventilateur, renversant partitions, objets et corps, permet de dire l'extérieur, la bataille, la force de la guerre. Le chaos du vent pour la bataille infernale de Rodrigue contre les Maures.

Que nous dit ce spectacle ?

Le Cid est une pièce sur la difficulté de prendre position dans le « monde des grands ».
Un jeune homme et deux jeunes femmes se confrontent aux lois sociales, aux codes du pouvoir, de l'honneur, à l'Histoire. Si Rodrigue et l'Infante font le choix du pouvoir, Chimène tente en vain d'imposer un autre discours, celui du sentiment dans un monde politique où la justice est celle de la raison d'État.
La pièce met en question le devenir de l'intime, de l'humain pris dans les conflits d'intérêts politiques et dans la violence des guerres qu'ils suscitent.

Acte III, scène 2. *Le Cid*, mise en scène de Sandrine Anglade (2013). Don Sanche (William Edimon) et Chimène (Gérarline Szajman).

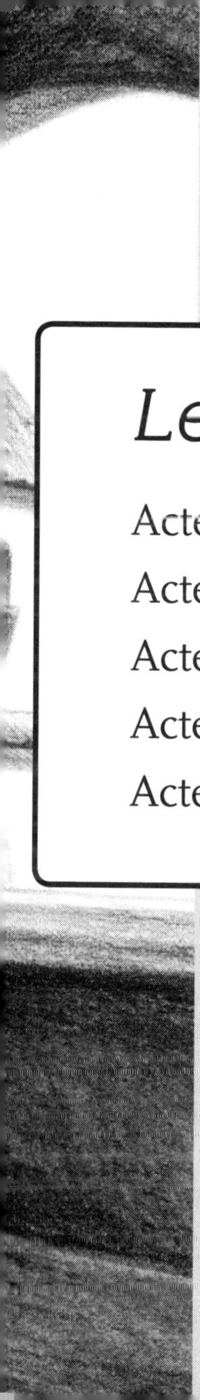

LE TEXTE

Le Cid

Le Cid

Tragi-comédie (texte de l'édition de 1660)

LES PERSONNAGES

DON[1] FERNAND, *premier roi de Castille*[2].

DONA URRAQUE, *infante*[3] *de Castille, fille de don Fernand.*

DON DIÈGUE, *père de don Rodrigue.*

DON GOMÈS, *comte de Gormas, père de Chimène.*

DON RODRIGUE[4], *amant*[5] *de Chimène (Ruy Diaz de Bivar).*

DON SANCHE, *amoureux*[6] *de Chimène.*

DON ARIAS, *gentilhomme castillan.*

DON ALONSE, *gentilhomme castillan.*

CHIMÈNE, *fille de don Gomès.*

LÉONOR, *gouvernante de l'Infante.*

ELVIRE, *gouvernante de Chimène.*

Un page[7] de l'infante.

La scène est à Séville ➲.

1. **Don** (au féminin *doña*) : titre donné aux nobles espagnols.
2. **Castille** : royaume catholique du centre de l'Espagne, dont le premier souverain, Ferdinand Ier (1032-1064), est nommé don Fernand dans *Le Cid*.
3. **Infante** : titre donné à la fille cadette des rois d'Espagne.
4. Don Rodrigue n'est pas une pure invention de Corneille. Personnage de l'histoire d'Espagne, Rodrigo Diaz de Bivar, dit le Cid, vécut au XIe siècle et combattit toute sa vie au service des rois de Castille, contre les Maures ou les autres rois chrétiens.
5. **Amant** : celui qui aime et est aimé en retour.
6. **Amoureux** : celui qui aime sans être aimé.
7. **Page** : jeune noble qui assure le service à la cour.

➲ **Ville d'Andalousie, région du sud de l'Espagne, lieu de la lutte au XIe siècle des rois chrétiens contre les Maures (ou Mores). Venus d'Afrique du Nord au VIIIe siècle, les Maures avaient envahi l'Andalousie et y avaient fondé des royaumes florissants, à Cordoue et Grenade notamment. On appelle Reconquista (« reconquête ») la lutte menée en Espagne par les chrétiens contre les musulmans entre 711 et 1270.**

Acte I

SCÈNE 1 – CHIMÈNE, ELVIRE

Chez Chimène.

CHIMÈNE

Elvire, m'as-tu fait un rapport bien sincère ?
Ne déguises-tu rien[1] de ce qu'a dit mon père ?

ELVIRE

Tous mes sens à moi-même en sont encor charmés[2] :
Il estime Rodrigue autant que vous l'aimez,
Et si je ne m'abuse[3] à lire dans son âme,
Il vous commandera de répondre à sa flamme[4].

CHIMÈNE

Dis-moi donc, je te prie, une seconde fois
Ce qui te fait juger qu'il approuve mon choix ;
Apprends-moi de nouveau quel espoir j'en dois prendre ;
Un si charmant discours ne se peut trop entendre ;
Tu ne peux trop promettre aux feux de notre amour ➲
La douce liberté de se montrer au jour.
Que t'a-t-il répondu sur la secrète brigue[5]
Que font auprès de toi don Sanche et don Rodrigue ?
N'as-tu point trop fait voir quelle inégalité
Entre ces deux amants me penche[6] d'un côté ?

1. **Ne déguises-tu rien** : ne me caches-tu rien ?
2. **Charmés** : envoûtés, ensorcelés.
3. **Et si je ne m'abuse à lire** : si je ne me trompe pas en lisant.
4. **Flamme** (et plus bas, au vers 11, **feux**) : amour.
5. **Brigue** : intrigue.
6. **Me penche** : me fait pencher.

➲ Au XVIIe siècle, la passion et le désir amoureux sont souvent représentés par la métaphore du feu (« flamme », « embrasé », « cuisant », etc.).

ELVIRE

Non ; j'ai peint votre cœur dans une indifférence
Qui n'enfle d'aucun d'eux ni détruit l'espérance[1],
Et sans les voir d'un œil trop sévère ou trop doux,
Attend l'ordre d'un père à[2] choisir un époux.
Ce respect l'a ravi, sa bouche et son visage
M'en ont donné sur l'heure un digne témoignage[3],
Et puisqu'il vous en faut encor faire un récit,
Voici d'eux et de vous ce qu'en hâte il m'a dit :
« Elle est dans le devoir, tous deux sont dignes d'elle,
Tous deux formés d'un sang noble, vaillant, fidèle,
Jeunes, mais qui font lire aisément dans leurs yeux
L'éclatante vertu[4] de leurs braves aïeux[5].
Don Rodrigue surtout n'a trait[6] en son visage
Qui d'un homme de cœur[7] ne soit la haute image,
Et sort d'une maison[8] si féconde en guerriers,
Qu'ils y prennent naissance au milieu des lauriers[9].
La valeur de son père en son temps sans pareille,
Tant qu'a duré sa force, a passé pour merveille ;
Ses rides sur son front ont gravé ses exploits,
Et nous disent encor ce qu'il fut autrefois.
Je me promets du fils ce que j'ai vu du père ;
Et ma fille, en un mot, peut l'aimer et me plaire ➘. »

---

1. **Qui [...] espérance** : qui n'enfle ni ne détruit l'espérance d'aucun d'eux.
2. **À** : pour.
3. **Un digne témoignage** : une preuve certaine.
4. **Vertu** : courage, bravoure.
5. **Aïeux** : ancêtres.
6. **N'a trait** : n'a pas un trait.
7. **Cœur** : courage.
8. **Maison** : famille.
9. **Lauriers** : le laurier est le symbole de la gloire militaire ; dans l'Antiquité romaine, on remettait une couronne de laurier aux généraux victorieux.

➔ **Au XVIIe siècle, le mariage est avant tout un contrat passé entre deux familles ; il se conclut devant un notaire avant d'être validé devant Dieu. Les enfants ne choisissent que très rarement leurs futurs conjoints, à plus forte raison dans les familles aristocratiques ou princières, où les alliances obéissent à la raison d'État et aux intérêts politiques. Le mariage forcé a souvent été dénoncé par Molière.**

Il allait au conseil[1], dont l'heure qui pressait
A tranché[2] ce discours qu'à peine il commençait ;
Mais à ce peu de mots je crois que sa pensée
Entre vos deux amants n'est pas fort balancée[3].
Le roi doit à son fils élire un gouverneur[4],
Et c'est lui[5] que regarde un tel degré d'honneur[6] ;
Ce choix n'est pas douteux, et sa rare vaillance
Ne peut souffrir[7] qu'on craigne aucune concurrence.
Comme ses hauts exploits le rendent sans égal,
Dans un espoir si juste il sera sans rival ;
Et puisque don Rodrigue a résolu[8] son père
Au sortir du conseil à proposer l'affaire,
Je vous laisse à juger s'il prendra bien son temps,
Et si tous vos désirs seront bientôt contents.

CHIMÈNE

Il semble toutefois que mon âme troublée
Refuse cette joie, et s'en trouve accablée :
Un moment donne au sort des visages divers,
Et dans ce grand bonheur je crains un grand revers[9].

ELVIRE

Vous verrez cette crainte heureusement déçue.

CHIMÈNE

Allons, quoi qu'il en soit, en attendre l'issue.

1. **Conseil** : assemblée des nobles choisis pour conseiller le roi.
2. **A tranché** : a interrompu.
3. **N'est pas fort balancée** : n'hésite pas.
4. **Élire un gouverneur** : choisir un précepteur.
5. **Lui** : le père de Chimène.
6. **Un tel degré d'honneur** : une telle marque d'honneur.
7. **Souffrir** : permettre.
8. **Résolu** : décidé.
9. **Revers** : coup du sort, infortune.

SCÈNE 2 – L'INFANTE, LÉONOR, UN PAGE

Chez l'infante.

L'INFANTE

Page, allez avertir Chimène de ma part
Qu'aujourd'hui pour me voir elle attend un peu tard,
Et que mon amitié se plaint de sa paresse.
Le page rentre.

LÉONOR

Madame, chaque jour même désir vous presse ;
Et dans son entretien je vous vois chaque jour
Demander en quel point se trouve son amour.

L'INFANTE

Ce n'est pas sans sujet : je l'ai presque forcée
À recevoir les traits[1] dont son âme est blessée.
Elle aime don Rodrigue, et le tient de ma main,
Et par moi don Rodrigue a vaincu son dédain ;
Ainsi de ces amants ayant formé les chaînes,
Je dois prendre intérêt à voir finir leurs peines.

LÉONOR

Madame, toutefois parmi leurs bons succès
Vous montrez un chagrin qui va jusqu'à l'excès.
Cet amour, qui tous deux les comble d'allégresse,
Fait-il de ce grand cœur la profonde tristesse,
Et ce grand intérêt que vous prenez pour eux
Vous rend-il malheureuse alors qu'ils sont heureux ?
Mais je vais trop avant, et deviens indiscrète.

1. **Les traits** : les flèches de l'amour.

L'INFANTE

Ma tristesse redouble à la tenir secrète.
Écoute, écoute enfin comme[1] j'ai combattu,
Écoute quels assauts brave[2] encor ma vertu[3].
L'amour est un tyran qui n'épargne personne :
Ce jeune cavalier[4], cet amant que je donne,
Je l'aime.

LÉONOR

Vous l'aimez !

L'INFANTE

Mets la main sur mon cœur,
Et vois comme il se trouble au nom de son vainqueur,
Comme il le reconnaît.

LÉONOR

Pardonnez-moi, madame,
Si je sors du respect pour blâmer cette flamme[5],
Une grande princesse à ce point s'oublier
Que d'admettre en son cœur un simple cavalier !
Et que dirait le roi, que dirait la Castille ?
Vous souvient-il encore de qui vous êtes fille ?

L'INFANTE

Il m'en souvient si bien que j'épandrai mon sang,
Avant que je m'abaisse à démentir mon rang[6].
Je te répondrais bien que dans les belles âmes
Le seul mérite a droit de produire des flammes[7] ;
Et si ma passion cherchait à s'excuser,

1. **Comme** : combien.
2. **Brave** : défie orgueilleusement, s'oppose à.
3. **Vertu** : énergie morale, force d'âme.
4. **Cavalier** : jeune, noble et valeureux gentilhomme.
5. **Flamme** : passion, désir amoureux.
6. **Démentir mon rang** : me montrer indigne de mon rang.
7. **Des flammes** : l'amour.

Mille exemples fameux pourraient l'autoriser :
Mais je n'en veux point suivre où ma gloire s'engage[1] ;
La surprise des sens n'abat point mon courage ;
Et je me dis toujours qu'étant fille de roi
Tout autre qu'un monarque est indigne de moi.
Quand je vis que mon cœur ne pouvait se défendre,
Moi-même je donnai ce que je n'osais prendre.
Je mis, au lieu de moi, Chimène en ses liens,
Et j'allumai leurs feux pour éteindre les miens.
Ne t'étonne donc plus si mon âme gênée
Avec impatience attend leur hyménée[2] ;
Tu vois que mon repos en dépend aujourd'hui.
Si l'amour vit d'espoir, il périt avec lui ;
C'est un feu qui s'éteint, faute de nourriture ;
Et malgré la rigueur de ma triste aventure,
Si Chimène a jamais Rodrigue pour mari
Mon espérance est morte, et mon esprit guéri.
Je souffre cependant d'un tourment incroyable.
Jusques à cet hymen Rodrigue m'est aimable :
Je travaille à le perdre, et le perds à regret,
Et de là prend son cours mon déplaisir[3] secret.
Je vois avec chagrin que l'amour me contraigne
À pousser des soupirs pour ce que je dédaigne ;
Je sens en deux partis mon esprit divisé.
Si mon courage est haut, mon cœur est embrasé.
Cet hymen m'est fatal, je le crains, et souhaite[4] :

1. **Où ma gloire s'engage** : dans lesquels ma réputation, mon honneur sont engagés.
2. **Hyménée (ou hymen)** : mariage.
3. **Déplaisir** : désespoir.
4. **Souhaite** : le souhaite.

Je n'ose en espérer qu'une joie imparfaite.
Ma gloire et mon amour ont pour moi tant d'appas[1],
Que je meurs s'il s'achève ou ne s'achève pas[2].

LÉONOR

Madame, après cela je n'ai rien à vous dire,
Sinon que de vos maux avec vous je soupire ;
Je vous blâmais tantôt, je vous plains à présent.
Mais puisque dans un mal si doux et si cuisant
Votre vertu combat et son charme et sa force,
En repousse l'assaut, en rejette l'amorce,
Elle rendra le calme à vos esprits[3] flottants.
Espérez donc tout d'elle, et du secours du temps,
Espérez tout du ciel, il a trop de justice
Pour laisser la vertu dans un si long supplice.

L'INFANTE

Ma plus douce espérance est de perdre l'espoir.

LE PAGE

Par vos commandements Chimène vient vous voir.

L'INFANTE, *à Léonor.*

Allez l'entretenir en cette galerie.

LÉONOR

Voulez-vous demeurer dedans[4] la rêverie ?

L'INFANTE

Non, je veux seulement, malgré mon déplaisir,
Remettre mon visage[5] un peu plus à loisir.

---

1. **Appas** : attraits, intérêt.
2. **S'il s'achève ou ne s'achève pas** : que le mariage se fasse ou ne se fasse pas.
3. Pluriel courant à l'époque.
4. **Dedans** : dans.
5. **Remettre mon visage** : rendre son calme à mon visage.

Je vous suis. Juste ciel, d'où j'attends mon remède,
Mets enfin quelque borne au mal qui me possède,
Assure mon repos, assure mon honneur.
Dans le bonheur d'autrui je cherche mon bonheur,
Cet hyménée à trois également importe[1] ;
Rends son effet[2] plus prompt, ou mon âme plus forte.
D'un lien conjugal joindre ces deux amants,
C'est briser tous mes fers[3] et finir mes tourments.
Mais je tarde un peu trop, allons trouver Chimène,
Et par son entretien soulager notre peine.

1. **À trois également importe** : est important pour trois personnes.
2. **Son effet** : sa réalisation.
3. **Fers** : (fig.) captivité, esclavage.

LECTURE ACTIVE 1

→ Voir aussi étape 1, p. 140.

Acte I, scènes 1 et 2 • Le trouble de Chimène

As-tu bien lu ?

1 Pour Chimène et l'Infante, qui sont Elvire et Léonor ?

2 Quel prétendant le père de Chimène préfère-t-il pour sa fille ?
- ☐ Don Sanche
- ☐ Don Rodrigue
- ☐ Don Alonse

3 Quels sont les sentiments de Chimène à la fin de la scène 1 ?

4 Pourquoi l'Infante souffre-t-elle ?
- ☐ parce qu'elle doit épouser un homme qu'elle n'aime pas
- ☐ parce qu'elle aime un homme qu'elle ne peut épouser
- ☐ parce qu'elle aime un homme qui en aime une autre

Atelier théâtre

Des sentiments et des gestes

▸ ***Objectif.*** Traduire les sentiments des personnages par des gestes appropriés.

▸ ***Préparation.*** Relisez les vers 78 à 90 ; nommez les sentiments de l'Infante et ceux de Léonor.

▸ ***Réalisation.*** Regroupez-vous par quatre : deux élèves prennent en charge le texte de l'Infante ; les deux autres, celui de Léonor. Dans chaque paire, un élève lit le texte pendant que l'autre exprime les sentiments du personnage par des gestes.

▸ ***Réfléchir ensemble.*** Regardez le début de la mise en scène de Sandrine Anglade sur YouTube, Théâtre Hatier (entrée en scène et scène 1). Comment le spectateur est-il informé sur la situation de départ et les contradictions des personnages ?

SCÈNE 3 – LE COMTE, DON DIÈGUE

Une place publique devant le palais royal.

LE COMTE

Enfin vous l'emportez, et la faveur du Roi
Vous élève en un rang qui n'était dû qu'à moi :
Il vous fait gouverneur du prince de Castille[1].

DON DIÈGUE

Cette marque d'honneur qu'il met dans ma famille
Montre à tous qu'il est juste, et fait connaître assez
Qu'il sait récompenser les services passés.

LE COMTE

Pour grands que soient les rois, ils sont ce que nous sommes :
Ils peuvent se tromper comme les autres hommes ;
Et ce choix sert de preuve à tous les courtisans
Qu'ils savent mal payer les services présents.

DON DIÈGUE

Ne parlons plus d'un choix dont votre esprit s'irrite ;
La faveur l'a pu faire autant que le mérite.
Mais on doit ce respect au pouvoir absolu,
De n'examiner rien[2] quand un roi l'a voulu.
À l'honneur qu'il m'a fait ajoutez en un autre ;
Joignons d'un sacré nœud[3] ma maison à la vôtre :
Vous n'avez qu'une fille, et moi je n'ai qu'un fils ;
Leur hymen nous peut rendre à jamais plus qu'amis :
Faites-nous cette grâce, et l'acceptez[4] pour gendre.

1. Il s'agit du prince héritier, fils de don Fernand.
2. **De n'examiner rien** : de ne rien discuter.
3. **Sacré nœud** : lien sacré du mariage.
4. **L'acceptez** : acceptez-le.

LE COMTE

À des partis plus hauts ce beau fils doit prétendre ;
Et le nouvel éclat de votre dignité
Lui doit enfler le cœur d'une autre vanité.
Exercez-la[1], monsieur, et gouvernez le Prince ;
Montrez-lui comme il faut[2] régir une province,
Faire trembler partout les peuples sous la loi,
Remplir les bons d'amour et les méchants d'effroi ;
Joignez à ces vertus celles d'un capitaine :
Montrez-lui comme il faut s'endurcir à la peine,
Dans le métier de Mars[3] se rendre sans égal,
Passer les jours entiers et les nuits à cheval,
Reposer tout armé, forcer une muraille,
Et ne devoir qu'à soi le gain d'une bataille.
Instruisez-le d'exemple[4], et rendez-le parfait,
Expliquant à ses yeux vos leçons par l'effet[5].

DON DIÈGUE

Pour s'instruire d'exemple, en dépit de l'envie[6],
Il lira seulement l'histoire de ma vie.
Là, dans un long tissu de belles actions,
Il verra comme il faut dompter des nations,
Attaquer une place, ordonner une armée[7],
Et sur de grands exploits bâtir sa renommée.

---

1. **La** : renvoie à « cette dignité ».
2. **Comme il faut** : comment il faut.
3. **Le métier de Mars** : la guerre (Mars était le dieu romain de la guerre).
4. **D'exemple** : par l'exemple.
5. **Par l'effet** : par la réalisation.
6. **En dépit de l'envie** : faute d'un modèle vivant avec qui rivaliser.
7. **Ordonner une armée** : mettre en ordre une armée pour la bataille.

LE COMTE

Les exemples vivants sont d'un autre pouvoir[1] ;
Un prince dans un livre apprend mal son devoir.
Et qu'a fait après tout ce grand nombre d'années,
Que ne puisse égaler une de mes journées ?
Si vous fûtes vaillant, je le suis aujourd'hui,
Et ce bras[2] du royaume est le plus ferme appui.
Grenade et l'Aragon tremblent quand ce fer[3] brille ;
Mon nom sert de rempart à toute la Castille ➲ :
Sans moi, vous passeriez bientôt sous d'autres lois,
Et vous auriez bientôt vos ennemis pour rois.
Chaque jour, chaque instant, pour rehausser ma gloire,
Met lauriers[4] sur lauriers, victoire sur victoire :
Le prince à mes côtés ferait dans les combats
L'essai de son courage à l'ombre de mon bras[5] ;
Il apprendrait à vaincre en me regardant faire ;
Et pour répondre en hâte à son grand caractère
Il verrait...

DON DIÈGUE

Je le sais, vous servez bien le Roi :
Je vous ai vu combattre et commander sous moi[6] :
Quand l'âge dans mes nerfs a fait couler sa glace[7],
Votre rare valeur a bien rempli ma place ;
Enfin, pour épargner les discours superflus,

1. **Sont d'un autre pouvoir** : ont plus d'influence.
2. **Bras** : force guerrière, pouvoir.
3. **Fer** : métonymie* pour désigner l'épée.
4. **Lauriers** : symboles de victoire.
5. **À l'ombre de mon bras** : sous ma protection.
6. **Sous moi** : sous mes ordres.
7. **Quand l'âge dans mes nerfs a fait couler sa glace** : métaphore* pour la vieillesse.

➲ **Grenade, capitale de l'Andalousie, restera un royaume maure jusqu'en 1492. L'Aragon, royaume catholique rival de la Castille, ne lui sera uni qu'en 1469.** **Voir ci-dessus note 2, p. 16.**

Vous êtes aujourd'hui ce qu'autrefois je fus.
Vous voyez toutefois qu'en cette concurrence
Un monarque entre nous met quelque différence.

LE COMTE

Ce que je méritais, vous l'avez emporté.

DON DIÈGUE

Qui l'a gagné sur vous l'avait mieux mérité.

LE COMTE

Qui peut mieux l'exercer en est bien le plus digne.

DON DIÈGUE

En être refusé[1] n'en est pas un bon signe.

LE COMTE

Vous l'avez eu par brigue[2], étant vieux courtisan.

DON DIÈGUE

L'éclat de mes hauts faits fut mon seul partisan[3].

LE COMTE

Parlons-en mieux, le Roi fait honneur à votre âge.

DON DIÈGUE

Le Roi, quand il en fait[4], le mesure au courage.

LE COMTE

Et par là cet honneur n'était dû qu'à mon bras.

DON DIÈGUE

Qui n'a pu l'obtenir ne le méritait pas.

1. **En être refusé** : être refusé pour cette fonction.
2. **Brigue** : intrigue.
3. **Partisan** : défenseur, allié.
4. **Quand il en fait** : quand il fait un tel honneur à quelqu'un.

LE COMTE

Ne le méritait pas ! moi ?

DON DIÈGUE

Vous.

LE COMTE

Ton impudence[1],
Téméraire[2] vieillard, aura sa récompense.
Il lui donne un soufflet[3].

DON DIÈGUE, *mettant l'épée à la main.*

Achève, et prends ma vie après un tel affront,
Le premier dont ma race[4] ait vu rougir son front.

LE COMTE

Et que penses-tu faire avec tant de faiblesse ?

DON DIÈGUE

Ô Dieu ! ma force usée en ce besoin me laisse[5] !

LE COMTE

Ton épée est à moi, mais tu serais trop vain[6],
Si ce honteux trophée[7] avait chargé ma main.
Adieu. Fais lire au Prince, en dépit de l'envie,
Pour son instruction, l'histoire de ta vie ;
D'un insolent discours ce juste châtiment
Ne lui servira pas d'un petit ornement[8].

1. **Impudence** : insolence.
2. **Téméraire** : trop audacieux.
3. **Soufflet** : gifle.
4. **Race** : famille, sang.
5. **En ce besoin me laisse** : m'abandonne en ce moment critique.
6. **Tu serais trop vain** : tu tirerais trop de gloire (méprisant).
7. **Trophée** : dépouille d'un ennemi vaincu. Le Comte a désarmé don Diègue, mais il ne ramasse pas son épée.
8. **Ne lui servira pas d'un petit ornement** : ne sera pas un faible ornement pour l'histoire de ta vie (ironique).

LECTURE ACTIVE 2

→ Voir aussi
étape 2, p. 142.

Acte I, scène 3 • La querelle des pères

As-tu bien lu ?

1 Qui est le Comte ?
☐ Don Diègue ☐ Don Arias ☐ le père de Chimène

2 Qui a été nommé gouverneur du prince de Castille ?
☐ Don Fernand ☐ Don Gomès ☐ Don Diègue

3 Quel propos de don Diègue déclenche la gifle donnée par don Gomès ? Cite le vers.

4 Pourquoi don Gomès refuse-t-il de prendre l'épée de don Diègue après l'avoir désarmé ?
☐ parce qu'elle est brisée
☐ parce que le Comte est trop vieux pour la ramasser
☐ parce que ce serait honorer don Diègue

Atelier théâtre

Jouer en grommelot

Le grommelot est un exercice de théâtre qui consiste à remplacer les mots par un grommellement inintelligible mais expressif.

▸ ***Objectif.*** Comprendre comment l'intonation permet de suggérer l'affrontement.

▸ ***Préparation.*** Relisez les vers 215 à 230. Imaginez les didascalies*, puis préparez les intonations.

▸ ***Réalisation.*** Regroupez-vous par six : trois élèves incarnant don Diègue et trois, le Comte. Jouez les vers en chœur à trois contre trois, en faisant varier le volume du grommelot.

▸ ***Réfléchir ensemble.*** Comment évoluent les sentiments des deux personnages au cours de la scène ? Comment l'avez-vous traduit par l'intonation ?

SCÈNE 4 – DON DIÈGUE

DON DIÈGUE

Ô rage ! ô désespoir ! ô vieillesse ennemie !
N'ai-je donc tant vécu que pour cette infamie[1] ?
Et ne suis-je blanchi[2] dans les travaux guerriers
Que pour voir en un jour flétrir tant de lauriers ?
Mon bras qu'avec respect toute l'Espagne admire,
Mon bras, qui tant de fois a sauvé cet empire,
Tant de fois affermi le trône de son roi,
Trahit donc ma querelle[3], et ne fait rien pour moi ?
Ô cruel souvenir de ma gloire passée !
Œuvre de tant de jours en un jour effacée !
Nouvelle dignité fatale à mon bonheur !
Précipice[4] élevé d'où tombe mon honneur !
Faut-il de votre éclat voir triompher le comte,
Et mourir sans vengeance, ou vivre dans la honte ?
Comte, sois de mon prince à présent gouverneur ;
Ce haut rang n'admet point un homme sans honneur ;
Et ton jaloux orgueil par cet affront insigne[5]
Malgré le choix du roi, m'en a su rendre indigne.
Et toi, de mes exploits glorieux instrument,
Mais d'un corps tout de glace[6] inutile ornement,
Fer, jadis tant à craindre, et qui, dans cette offense,
M'as servi de parade[7], et non pas de défense,
Va, quitte désormais le dernier des humains,
Passe, pour me venger, en de meilleures mains.

---

1. **Infamie** : déshonneur, honte.
2. **Ne suis-je blanchi** : n'ai-je vieilli.
3. **Ma querelle** : ma cause.
4. **Précipice** : danger dans lequel on risque de tomber (métaphore*).
5. **Insigne** : qui sort de l'ordinaire, important.
6. **Tout de glace** : refroidi par les ans, qui a perdu son ardeur.
7. **Parade** : parure.

LECTURE ACTIVE 3

Acte I, scène 4 • Le monologue de Don Diègue

As-tu bien lu ?

1 Quelle « infamie » don Diègue a-t-il subie ?

2 De quoi don Diègue se sent-il désormais indigne ?
- ☐ de se présenter devant le roi
- ☐ d'être gouverneur du prince de Castille
- ☐ de se battre contre le Comte

3 À qui don Diègue s'adresse-t-il aux vers 251 à 254 ?
- ☐ à Rodrigue
- ☐ au roi
- ☐ au comte
- ☐ à son honneur passé
- ☐ à lui-même

4 Quel objet don Diègue veut-il transmettre et à qui ? Pourquoi ?

Atelier théâtre

Un monologue à six voix

▸ ***Objectif.*** Comprendre les effets produits par les variations de la voix.

▸ ***Préparation.*** Constituez des équipes de six. Découpez le monologue de don Diègue en six fois quatre vers (24 vers en tout). Chaque élève apprend donc quatre vers.

▸ ***Réalisation.*** Un groupe se place en ligne devant la classe.
Chacun des élèves joue sa partie du monologue en exprimant au mieux les sentiments du personnage.
Les enchaînements doivent se faire le plus naturellement possible (y compris pour les vers 253-260 !). Le professeur enregistre le résultat.

▸ ***Réfléchir ensemble.*** Écoutez l'enregistrement. À six, avez-vous réussi à exprimer, avec justesse, les sentiments du personnage ?

SCÈNE 5 – DON DIÈGUE, DON RODRIGUE

DON DIÈGUE

Rodrigue, as-tu du cœur[1] ?

DON RODRIGUE

Tout autre que mon père
L'éprouverait sur l'heure[2].

DON DIÈGUE

Agréable colère !
Digne ressentiment[3] à ma douleur bien doux !
Je reconnais mon sang à ce noble courroux[4] ;
Ma jeunesse revit en cette ardeur[5] si prompte.
Viens, mon fils, viens, mon sang, viens réparer ma honte ;
Viens me venger.

DON RODRIGUE

De quoi ?

DON DIÈGUE

D'un affront si cruel,
Qu'à l'honneur de tous deux il porte un coup mortel :
D'un soufflet[6]. L'insolent en eût perdu la vie ;
Mais mon âge a trompé ma généreuse envie[7] ;
Et ce fer que mon bras ne peut plus soutenir,
Je le remets au tien pour venger et punir.
Va contre un arrogant éprouver ton courage :

1. **Cœur** : courage.
2. **L'éprouverait sur l'heure** : en aurait une preuve immédiate.
3. **Digne ressentiment** : réaction pleine de force.
4. **Courroux** : colère.
5. **Ardeur** : courage, fougue, impétuosité.
6. **Soufflet** : gifle.
7. **Généreuse envie** : désir digne de mon haut rang.

Ce n'est que dans le sang qu'on lave un tel outrage ;
Meurs, ou tue. Au surplus, pour ne te point flatter[1],
Je te donne à combattre un homme à redouter ;
Je l'ai vu, tout couvert de sang et de poussière,
Porter partout l'effroi dans une armée entière.
J'ai vu par sa valeur cent escadrons rompus ;
Et pour t'en dire encor quelque chose de plus,
Plus que brave soldat, plus que grand capitaine,
C'est...

DON RODRIGUE

De grâce, achevez.

DON DIÈGUE

Le père de Chimène.

DON RODRIGUE

Le...

DON DIÈGUE

Ne réplique point, je connais ton amour,
Mais qui peut vivre infâme[2] est indigne du jour ;
Plus l'offenseur est cher, et plus grande est l'offense.
Enfin tu sais l'affront, et tu tiens la vengeance[3] :
Je ne te dis plus rien. Venge-moi, venge-toi ;
Montre-toi digne fils d'un père tel que moi.
Accablé des malheurs où le destin me range[4],
Je vais les déplorer[5]. Va, cours, vole, et nous venge.

---

1. **Flatter** : tromper.
2. **Infâme** : sans honneur.
3. **Tu tiens la vengeance** : tu peux me venger (grâce à ton épée).
4. **Où le destin me range** : que le destin me fait subir.
5. **Les déplorer** : pleurer sur eux.

SCÈNE 6 – DON RODRIGUE

DON RODRIGUE

Percé jusques au fond du cœur
D'une atteinte imprévue aussi bien que mortelle,
Misérable[1], vengeur d'une juste querelle,
Et malheureux objet d'une injuste rigueur,
Je demeure immobile, et mon âme abattue
Cède au coup qui me tue.
Si près de voir mon feu récompensé,
Ô Dieu, l'étrange[2] peine !
En cet affront mon père est l'offensé,
Et l'offenseur le père de Chimène !

Que je sens de rudes combats !
Contre mon propre honneur mon amour s'intéresse[3] :
Il faut venger un père, et perdre une maîtresse.
L'un m'anime le cœur, l'autre retient mon bras.
Réduit au triste choix ou de trahir ma flamme,
Ou de vivre en infâme,
Des deux côtés mon mal est infini.
Ô Dieu, l'étrange peine !
Faut-il laisser un affront impuni ?
Faut-il punir le père de Chimène ?

Père, maîtresse, honneur, amour,
Noble et dure contrainte, aimable tyrannie,

1. **Misérable** : digne de pitié.
2. **Étrange** : terrible.
3. **S'intéresse** : se dresse.

Le Cid, peinture de Mariano Fortuny (1838-1874). Barcelone, collection particulière.

▶ Quels sont les deux vers de la scène 6 (les stances de Rodrigue) que semble parfaitement illustrer cette œuvre du XIXe siècle ?

Tous mes plaisirs sont morts, ou ma gloire ternie.
L'un me rend malheureux, l'autre indigne du jour.
Cher et cruel espoir d'une âme généreuse,
Mais ensemble[1] amoureuse,
Digne ennemi de mon plus grand bonheur,
Fer qui cause ma peine,
M'es-tu donné pour venger mon honneur ?
M'es-tu donné pour perdre ma Chimène ?

Il vaut mieux courir au trépas[2].
Je dois[3] à ma maîtresse aussi bien qu'à mon père ;
J'attire en me vengeant sa haine et sa colère ;
J'attire ses mépris en ne me vengeant pas.
À mon plus doux espoir l'un me rend infidèle,
Et l'autre indigne d'elle.
Mon mal augmente à le vouloir guérir ;
Tout redouble ma peine.
Allons, mon âme ; et puisqu'il faut mourir,
Mourons du moins sans offenser[4] Chimène.
Mourir sans tirer ma raison[5] !
Rechercher un trépas si mortel à ma gloire !
Endurer que l'Espagne impute à ma mémoire[6]
D'avoir mal soutenu l'honneur de ma maison[7] !
Respecter un amour dont mon âme égarée
Voit la perte assurée !

1. **Ensemble** : en même temps.
2. **Trépas** : mort.
3. **Je dois** : j'ai des devoirs envers.
4. **Offenser** : infliger un affront, manquer de respect.
5. **Sans tirer ma raison** : sans demander réparation pour l'offense subie.
6. **Impute à ma mémoire** : m'accuse après ma mort.
7. **Maison** : famille.

N'écoutons plus ce penser suborneur[1],
Qui ne sert qu'à ma peine.
Allons, mon bras, sauvons du moins l'honneur,
Puisqu'après tout il faut perdre Chimène.

Oui, mon esprit s'était déçu[2].
Je dois tout à mon père avant qu'à ma maîtresse :
Que je meure au combat, ou meure de tristesse,
Je rendrai mon sang pur comme je l'ai reçu.
Je m'accuse déjà de trop de négligence ;
Courons à la vengeance ;
Et tout honteux d'avoir tant balancé[3],
Ne soyons plus en peine,
Puisqu'aujourd'hui mon père est l'offensé,
Si l'offenseur est père de Chimène.

1. **Ce penser suborneur** : cette pensée trompeuse.
2. **Déçu** : trompé.
3. **Balancé** : hésité.

Acte II

SCÈNE 1 – DON ARIAS, LE COMTE

Une salle du palais.

LE COMTE

Je l'avoue entre nous, mon sang[1] un peu trop chaud
S'est trop ému d'un mot, et l'a porté trop haut[2] ;
Mais puisque c'en est fait, le coup est sans remède.

DON ARIAS

Qu'aux volontés du Roi ce grand courage cède :
Il y[3] prend grande part, et son cœur irrité
Agira contre vous de pleine autorité.
Aussi vous n'avez point de valable défense.
Le rang de l'offensé, la grandeur de l'offense,
Demandent des devoirs et des submissions[4]
Qui passent le commun des satisfactions[5].

LE COMTE

Le Roi peut, à son gré, disposer de ma vie.

DON ARIAS

De trop d'emportement votre faute est suivie.
Le roi vous aime encore ; apaisez son courroux.
Il a dit : « Je le veux » ; désobéirez-vous ?

1. **Sang** : tempérament.
2. **L'a porté trop haut** : en a exagéré l'importance.
3. **Y** : à l'affaire du soufflet.
4. **Submissions** : soumissions.
5. **Qui passent le commun des satisfactions** : qui dépassent les excuses habituellement exigées.

LE COMTE

Monsieur, pour conserver tout ce que j'ai d'estime[1],
Désobéir un peu n'est pas un si grand crime ;
Et quelque grand qu'il[2] soit, mes services présents
Pour le faire abolir[3] sont plus que suffisants.

DON ARIAS

Quoi qu'on fasse d'illustre[4] et de considérable,
Jamais à son sujet un roi n'est redevable.
Vous vous flattez[5] beaucoup, et vous devez savoir
Que qui sert bien son roi ne fait que son devoir.
Vous vous perdrez, Monsieur, sur[6] cette confiance.

LE COMTE

Je ne vous en croirai qu'après l'expérience.

DON ARIAS

Vous devez redouter la puissance d'un roi.

LE COMTE

Un jour seul ne perd pas un homme tel que moi.
Que toute sa grandeur[7] s'arme pour mon supplice,
Tout l'État périra, s'il faut que je périsse.

DON ARIAS

Quoi ! Vous craignez si peu le pouvoir souverain...

LE COMTE

D'un sceptre[8] qui sans moi tomberait de sa main.
Il a trop d'intérêt lui-même en ma personne,
Et ma tête en tombant ferait choir sa couronne.

1. **Tout ce que j'ai d'estime** : toute l'estime que l'on me porte.
2. **Il** : renvoie à « crime ».
3. **Pour le faire abolir** : pour le faire pardonner.
4. **Illustre** : célèbre, glorieux.
5. **Vous vous flattez** : vous vous surestimez.
6. **Sur** : en vous reposant sur.
7. **Sa grandeur** : la grandeur de l'État.
8. **Sceptre** : symbole de la royauté.

DON ARIAS

Souffrez que la raison remette vos esprits[1].
Prenez un bon conseil[2].

LE COMTE

Le conseil en est pris.

DON ARIAS

Qui lui dirai-je enfin ? Je lui dois rendre conte[3].

LE COMTE

Que je ne puis du tout consentir à ma honte.

DON ARIAS

Mais songez que les rois veulent être absolus.

LE COMTE

Le sort en est jeté, monsieur, n'en parlons plus.

DON ARIAS

Adieu donc, puisqu'en vain je tâche à vous résoudre[4] ;
Avec tous vos lauriers, craignez encor le foudre ➲.

LE COMTE

Je l'attendrai sans peur.

DON ARIAS

Mais non pas sans effet.

LE COMTE

Nous verrons donc par là don Diègue satisfait.

(Il est seul.)

1. **Remette vos esprits** : remette de l'ordre dans votre esprit.
2. **Un bon conseil** : une sage décision.
3. **Rendre conte** : rendre compte.
4. **Résoudre** : convaincre.

➲ **On croyait dans l'Antiquité que le laurier, arbre sacré, protégeait contre la foudre. Ici, au sens figuré, « vos lauriers » renvoit aux victoires du Comte, et « le foudre » à la colère du roi.**

Qui ne craint point la mort ne craint point les menaces.
J'ai le cœur au-dessus des plus fières disgrâces[1] ;
Et l'on peut me réduire à vivre sans bonheur,
Mais non pas me résoudre à vivre sans honneur.

SCÈNE 2 – LE COMTE, DON RODRIGUE

La place devant le palais royal.

DON RODRIGUE

À moi, Comte, deux mots.

LE COMTE

Parle.

DON RODRIGUE

Ôte-moi d'un doute.
Connais-tu bien don Diègue ?

LE COMTE

Oui.

DON RODRIGUE

Parlons bas ; écoute.
Sais-tu que ce vieillard fut la même vertu[2],
La vaillance et l'honneur de son temps ? le sais-tu ?

LE COMTE

Peut être.

DON RODRIGUE

Cette ardeur que dans les yeux je porte,
Sais-tu que c'est son sang ? le sais-tu ?

---

1. **Fières disgrâces** : terribles défaveurs.
2. **La même vertu** : le courage même.

LE COMTE

Que m'importe ?

DON RODRIGUE

À quatre pas d'ici je te le fais savoir.

LE COMTE

Jeune présomptueux[1] !

DON RODRIGUE

Parle sans t'émouvoir.
Je suis jeune, il est vrai ; mais aux âmes bien nées[2]
La valeur n'attend point le nombre des années.

LE COMTE

Te mesurer à moi ! qui t'a rendu si vain[3],
Toi qu'on n'a jamais vu les armes à la main !

DON RODRIGUE

Mes pareils à deux fois ne se font point connaître[4],
Et pour leurs coups d'essai veulent des coups de maître.

LE COMTE

Sais-tu bien qui je suis ?

DON RODRIGUE

Oui ; tout autre que moi
Au seul bruit de ton nom pourrait trembler d'effroi.
Les palmes[5] dont je vois ta tête si couverte
Semblent porter écrit le destin de ma perte.
J'attaque en téméraire un bras toujours vainqueur,
Mais j'aurai trop de force, ayant assez de cœur.

---

1. **Présomptueux** : vaniteux, orgueilleux.
2. **Bien nées** : de noble lignée.
3. **Vain** : vaniteux.
4. **À deux fois ne se font point connaître** : montrent leur valeur dès la première fois.
5. **Palmes** : lauriers, symboles de la victoire.

À qui venge son père il n'est rien impossible.
Ton bras est invaincu, mais non pas invincible.

LE COMTE

Ce grand cœur qui paraît aux discours que tu tiens
Par tes yeux, chaque jour, se découvrait aux miens[1] ;
Et croyant voir en toi l'honneur de la Castille,
Mon âme avec plaisir te destinait ma fille.
Je sais ta passion, et suis ravi de voir
Que tous ses mouvements[2] cèdent à ton devoir ;
Qu'ils n'ont point affaibli cette ardeur magnanime[3] ;
Que ta haute vertu* répond à mon estime ;
Et que, voulant pour gendre un cavalier parfait,
Je ne me trompais point au choix que j'avais fait.
Mais je sens que pour toi ma pitié s'intéresse[4] ;
J'admire ton courage, et je plains ta jeunesse.
Ne cherche point à faire un coup d'essai fatal ;
Dispense ma valeur d'un combat inégal ;
Trop peu d'honneur pour moi suivrait cette victoire :
À vaincre sans péril, on triomphe sans gloire.
On te croirait toujours abattu sans effort ;
Et j'aurais seulement le regret de ta mort.

DON RODRIGUE

D'une indigne pitié ton audace est suivie :
Qui m'ose ôter l'honneur craint de m'ôter la vie !

LE COMTE

Retire-toi d'ici.

1. **Aux miens** : à mes yeux.
2. **Ses mouvements** : ses élans.
3. **Magnanime** : généreuse.
4. **S'intéresse** : s'éveille.

DON RODRIGUE

Marchons sans discourir.

LE COMTE

Es-tu si las de vivre ?

DON RODRIGUE

As-tu peur de mourir ?

LE COMTE

Viens, tu fais ton devoir, et le fils dégénère
Qui survit un moment à l'honneur de son père[1].

---

1. **Le fils dégénère/Qui survit** : le fils déchoit s'il survit.

LECTURE ACTIVE 4

→ Voir aussi étape 3, p. 144.

Acte II, scènes 1 et 2 • La provocation en duel

As-tu bien lu ?

1 Dans la scène 1 de l'acte II, comment le Comte réagit-il aux reproches du roi ?
- ☐ Il se soumet et obéit à son souverain.
- ☐ Il prend peur et s'enfuit.
- ☐ Il se montre arrogant et refuse de se soumettre.

2 Où et quand la rencontre du Comte et de Rodrigue a-t-elle lieu ?

3 Quels sentiments le Comte semble-t-il éprouver successivement envers Rodrigue au cours de la scène ? Dans quel ordre ?

...... du mépris ...... du respect
...... de l'amitié ...... de la colère
...... de la peur ...... de la pitié

4 Que va-t-il se passer à l'issue de cet échange ? Cette action est-elle représentée sur scène ?

Atelier théâtre

Se couper la parole

► ***Objectif.*** Exprimer la tension entre les personnages par le jeu des stichomythies*.

► ***Préparation.*** Lisez attentivement les répliques de don Rodrigue et du Comte, du vers 397 au vers 406.

► ***Réalisation.*** Regroupez-vous par deux. Une paire d'élèves volontaires vient se placer sur l'estrade. Chacun dit sa réplique en commençant avant que son ou sa partenaire n'ait terminé la sienne.

► ***Réfléchir ensemble.*** Ce procédé rend-il compte de la violence de l'échange ? Pourquoi ?

SCÈNE 3 – L'INFANTE, CHIMÈNE, LÉONOR

Chez l'Infante.

L'INFANTE

Apaise, ma Chimène, apaise ta douleur,
Fais agir ta constance[1] en ce coup de malheur,
Tu reverras le calme après ce faible orage,
Ton bonheur n'est couvert que d'un peu de nuage,
Et tu n'as rien perdu pour le voir différer[2].

CHIMÈNE

Mon cœur outré d'ennuis[3] n'ose rien espérer.
Un orage si prompt qui trouble une bonace[4]
D'un naufrage certain nous porte la menace ;
Je n'en saurais douter, je péris dans le port.
J'aimais, j'étais aimée, et nos pères d'accord ;
Et je vous en contais la charmante nouvelle
Au malheureux moment que[5] naissait leur querelle,
Dont le récit fatal[6], sitôt qu'on vous l'a fait,
D'une si douce attente a ruiné l'effet[7].
Maudite ambition, détestable manie[8],
Dont les plus généreux souffrent la tyrannie !
Honneur impitoyable à mes plus chers désirs,
Que tu me vas coûter de pleurs et de soupirs !

1. **Ta constance** : ta force d'âme.
2. **Et [...] différer** : même si ton bonheur est retardé, il n'est pas perdu.
3. **Outré d'ennuis** : débordant de souffrances.
4. **Bonace** : mer calme.
5. **Que** : où.
6. **Fatal** : mortel.
7. **L'effet** : la réalisation.
8. **Manie** : folie.

L'INFANTE

Tu n'as dans leur querelle aucun sujet de craindre :
Un moment l'a fait naître, un moment va l'éteindre.
Elle a fait trop de bruit pour ne pas s'accorder[1],
Puisque déjà le Roi les veut accommoder[2];
Et tu sais que mon âme, à tes ennuis sensible,
Pour en tarir la source y[3] fera l'impossible.

CHIMÈNE

Les accommodements ne font rien en ce point :
De si mortels affronts ne se réparent point.
En vain on fait agir la force ou la prudence ;
Si l'on guérit le mal, ce n'est qu'en apparence.
La haine que les cœurs conservent au-dedans
Nourrit des feux cachés, mais d'autant plus ardents.

L'INFANTE

Le saint nœud qui joindra don Rodrigue et Chimène
Des pères ennemis dissipera la haine ;
Et nous verrons bientôt votre amour le plus fort
Par un heureux hymen étouffer ce discord[4].

CHIMÈNE

Je le souhaite ainsi plus que je ne l'espère ;
Don Diègue est trop altier[5], et je connais mon père.
Je sens couler des pleurs que je veux retenir ;
Le passé me tourmente, et je crains l'avenir.

L'INFANTE

Que crains-tu ? d'un vieillard l'impuissante faiblesse ?

1. **S'accorder** : se terminer par un accord.
2. **Accommoder** : réconcilier.
3. **Y** : à ce propos.
4. **Discord** : conflit.
5. **Altier** : orgueilleux.

CHIMÈNE

Rodrigue a du courage.

L'INFANTE

Il a trop de jeunesse.

CHIMÈNE

Les hommes valeureux le sont du premier coup.

L'INFANTE

Tu ne dois pas pourtant le redouter beaucoup :
Il est trop amoureux pour te vouloir déplaire ;
Et deux mots de ta bouche arrêtent sa colère.

CHIMÈNE

S'il ne m'obéit point, quel comble à mon ennui !
Et s'il peut m'obéir, que dira-t-on de lui ?
Étant né ce qu'il est, souffrir un tel outrage[1] !
Soit qu'il cède ou résiste au feu qui me l'engage[2],
Mon esprit ne peut qu'être ou honteux ou confus[3]
De son trop de respect, ou d'un juste refus.

L'INFANTE

Chimène a l'âme haute, et quoique intéressée[4],
Elle ne peut souffrir une basse pensée ;
Mais si jusques au jour de l'accommodement
Je fais mon prisonnier de ce parfait amant,
Et que j'empêche ainsi l'effet de son courage[5],
Ton esprit amoureux n'aura-t-il point d'ombrage[6] ?

CHIMÈNE

Ah ! Madame, en ce cas je n'ai plus de souci.

---

1. **Outrage** : affront.
2. **Qui me l'engage** : qui l'attache à moi.
3. **Confus** : bouleversé.
4. **Intéressée** : concernée.
5. **Et que [...] courage** : et que je l'empêche de se battre.
6. **Ombrage** : inquiétude.

SCÈNE 4 – L'INFANTE, CHIMÈNE, LÉONOR, LE PAGE

L'INFANTE

Page, cherchez Rodrigue, et l'amenez ici.

LE PAGE

Le comte de Gormas et lui…

CHIMÈNE

Bon Dieu ! je tremble.

L'INFANTE

Parlez.

LE PAGE

De ce palais ils sont sortis ensemble.

CHIMÈNE

Seuls ?

LE PAGE

Seuls, et qui semblaient tout bas se quereller.

CHIMÈNE

Sans doute ils sont aux mains[1], il n'en faut plus parler.
Madame, pardonnez à cette promptitude[2].

SCÈNE 5 – L'INFANTE, LÉONOR

L'INFANTE

Hélas ! que dans l'esprit je sens d'inquiétude !
Je pleurs ses malheurs, son amant me ravit ;

1. **Ils sont aux mains** : ils se battent.
2. **Promptitude** : Chimène sort précipitamment.

Mon repos m'abandonne, et ma flamme revit.
Ce qui va séparer Rodrigue de Chimène
Fait renaître à la fois mon espoir et ma peine ;
Et leur division, que je vois à regret,
Dans mon esprit charmé jette un plaisir secret.

LÉONOR

Cette haute vertu qui règne dans votre âme
Se rend-elle sitôt[1] à cette lâche flamme ?

L'INFANTE

Ne la nomme point lâche, à présent que chez moi
Pompeuse[2] et triomphante elle me fait la loi ;
Porte-lui du respect, puisqu'elle m'est si chère.
Ma vertu la combat, mais malgré moi, j'espère ;
Et d'un si fol espoir mon cœur mal défendu
Vole après un amant que Chimène a perdu.

LÉONOR

Vous laissez choir ainsi ce glorieux courage,
Et la raison chez vous perd ainsi son usage ?

L'INFANTE

Ah ! qu'avec peu d'effet on entend la raison,
Quand le cœur est atteint d'un si charmant[3] poison !
Et lorsque le malade aime sa maladie,
Qu'il a peine à souffrir que l'on y remédie !

LÉONOR

Votre espoir vous séduit, votre mal vous est doux ;
Mais enfin ce Rodrigue est indigne de vous.

---

1. **Sitôt** : si vite.
2. **Pompeuse** : majestueuse.
3. **Charmant** : au sens fort de *charme*, « qui ensorcelle ».

L'INFANTE

Je ne le sais que trop ; mais si ma vertu cède,
Apprends comme l'amour flatte un cœur qu'il possède.
Si Rodrigue une fois sort vainqueur du combat,
Si dessous sa valeur ce grand guerrier s'abat[1],
Je puis en faire cas, je puis l'aimer sans honte.
Que ne fera-t-il point, s'il peut vaincre le Comte !
J'ose m'imaginer qu'à ses moindres exploits
Les royaumes entiers tomberont sous ses lois ;
Et mon amour flatteur déjà me persuade
Que je le vois assis au trône de Grenade,
Les Mores subjugués[2] trembler en l'adorant,
L'Aragon recevoir ce nouveau conquérant,
Le Portugal[3] se rendre, et ses nobles journées[4]
Porter delà[5] les mers ses hautes destinées,
Du sang des Africains arroser ses lauriers ;
Enfin tout ce qu'on dit des plus fameux guerriers,
Je l'attends de Rodrigue après cette victoire,
Et fais de son amour[6] un sujet de ma gloire.

LÉONOR

Mais, Madame, voyez où vous portez son bras,
Ensuite d'un combat[7] qui peut-être n'est pas.

L'INFANTE

Rodrigue est offensé, le Comte a fait l'outrage ;
Ils sont sortis ensemble : en faut-il davantage ?

1. **Si dessous [...] s'abat** : si, vaincu par la valeur de Rodrigue, le Comte est abattu.
2. **Subjugués** : vaincus.
3. Le Portugal est alors occupé par les Maures.
4. **Journées** : exploits.
5. **Delà** : au-delà.
6. **Son amour** : l'amour que je lui porte.
7. **Ensuite d'un combat** : à la suite d'un combat.

LÉONOR

Eh bien ! ils se battront, puisque vous le voulez ;
Mais Rodrigue ira-t-il si loin que vous allez ?

L'INFANTE

Que veux-tu ? je suis folle, et mon esprit s'égare ;
Tu vois par là quels maux cet amour me prépare.
Viens dans mon cabinet[1] consoler mes ennuis ;
Et ne me quitte point dans le trouble où je suis.

SCÈNE 6 – DON FERNAND, DON ARIAS, DON SANCHE

Chez le Roi.

DON FERNAND

Le Comte est donc si vain[2] et si peu raisonnable !
Ose-t-il croire encor son crime pardonnable ?

DON ARIAS

Je l'ai de votre part longtemps entretenu.
J'ai fait mon pouvoir[3], Sire, et n'ai rien obtenu.

DON FERNAND

Justes cieux ! ainsi donc un sujet téméraire
A si peu de respect et de soin[4] de me plaire !
Il offense don Diègue, et méprise son roi !
Au milieu de ma cour il me donne la loi !

1. **Cabinet** : espace privé intime, dans les appartements de l'Infante.
2. **Vain** : vaniteux.
3. **Mon pouvoir** : mon possible.
4. **Soin** : souci.

Qu'il soit brave guerrier, qu'il soit grand capitaine,
Je saurai bien rabattre une humeur[1] si hautaine ;
Fût-il la valeur même, et le dieu des combats,
Il verra ce que c'est que de n'obéir pas.
Quoi qu'ait pu mériter une telle insolence,
Je l'ai voulu d'abord traiter sans violence ;
Mais puisqu'il en abuse, allez dès aujourd'hui,
Soit qu'il résiste ou non, vous assurer de lui[2].

DON SANCHE

Peut-être un peu de temps le rendrait moins rebelle ;
On l'a pris tout bouillant encor de sa querelle ;
Sire, dans la chaleur d'un premier mouvement,
Un cœur si généreux* se rend malaisément.
Il voit bien qu'il a tort, mais une âme si haute
N'est pas sitôt réduite à confesser sa faute.

DON FERNAND

Don Sanche, taisez-vous, et soyez averti
Qu'on se rend criminel à prendre son parti.

DON SANCHE

J'obéis, et me tais ; mais, de grâce encor, sire,
Deux mots en sa défense.

DON FERNAND

Et que pourrez-vous dire ?

DON SANCHE

Qu'une âme accoutumée aux grandes actions
Ne se peut abaisser à des submissions[3] :

1. **Humeur** : caractère.
2. **Vous assurer de lui** : l'arrêter.
3. **Submissions** : excuses.

Elle n'en conçoit point qui s'expliquent sans honte ;
Et c'est à ce mot seul qu'a résisté le Comte.
Il trouve en son devoir[1] un peu trop de rigueur,
Et vous obéirait, s'il avait moins de cœur[2].
Commandez que son bras, nourri dans les alarmes[3],
Répare cette injure à la pointe des armes ;
Il satisfera[4], Sire ; et vienne qui voudra[5],
Attendant qu'il l'ait su, voici qui répondra[6].

DON FERNAND

Vous perdez le respect ; mais je pardonne à l'âge,
Et j'excuse l'ardeur en un jeune courage.
Un roi dont la prudence a de meilleurs objets
Est meilleur ménager[7] du sang de ses sujets :
Je veille pour les miens, mes soucis les conservent,
Comme le chef[8] a soin des membres qui le servent.
Ainsi votre raison n'est pas raison pour moi :
Vous parlez en soldat, je dois agir en roi ;
Et quoi qu'on veuille dire, et quoi qu'il ose croire,
Le Comte à m'obéir ne peut perdre sa gloire.
D'ailleurs l'affront me touche, il a perdu d'honneur[9]
Celui que de mon fils j'ai fait le gouverneur ;

---

1. **Son devoir** : son devoir envers le roi, en concurrence avec celui de venger son honneur.
2. **Cœur** : courage.
3. **Alarmes** : danger.
4. **Il satisfera** : il réparera l'affront.
5. **Et vienne qui voudra** : et quel que soit celui qui voudra se battre contre le Comte.
6. **Voici qui répondra** : don Sanche tire son épée pour se porter garant du Comte.
7. **Meilleur ménager** : plus économe.
8. **Le chef** : la tête.
9. **Il a perdu d'honneur** : il a déshonoré.

S'attaquer à mon choix, c'est se prendre à moi-même,
Et faire un attentat sur le pouvoir suprême.
N'en parlons plus. Au reste, on a vu dix vaisseaux
De nos vieux ennemis arborer des drapeaux ;
Vers la bouche du fleuve[1] ils ont osé paraître.

DON ARIAS

Les Mores ont appris par force à vous connaître,
Et tant de fois vaincus, ils ont perdu le cœur
De se plus hasarder contre un si grand vainqueur.

DON FERNAND

Ils ne verront jamais, sans quelque jalousie,
Mon sceptre, en dépit d'eux, régir[2] l'Andalousie ;
Et ce pays si beau, qu'ils ont trop possédé,
Avec un œil d'envie est toujours regardé.
C'est l'unique raison qui m'a fait dans Séville
Placer depuis dix ans le trône de Castille,
Pour les voir de plus près, et d'un ordre plus prompt
Renverser aussitôt ce qu'ils entreprendront.

DON ARIAS

Ils savent aux dépens de leurs plus dignes têtes
Combien votre présence assure vos conquêtes :
Vous n'avez rien à craindre.

DON FERNAND

Et rien à négliger :
Le trop de confiance attire le danger ;
Et vous n'ignorez pas qu'avec fort peu de peine
Un flux de pleine mer jusqu'ici les amène.
Toutefois j'aurais tort de jeter dans les cœurs,

1. **Fleuve** : il s'agit du Guadalquivir, qui passe à Séville.
2. **Régir** : gouverner.

L'avis étant mal sûr[1], de paniques terreurs.
L'effroi que produirait cette alarme inutile,
Dans la nuit qui survient troublerait trop la ville :
Faites doubler la garde aux murs et sur le port.
C'est assez pour ce soir.

SCÈNE 7 – DON FERNAND, DON SANCHE, DON ALONSE

DON ALONSE

Sire, le Comte est mort ➲.
Don Diègue, par son fils, a vengé son offense.

DON FERNAND

Dès que j'ai vu l'affront, j'ai prévu la vengeance ;
Et j'ai voulu dès lors prévenir[2] ce malheur.

DON ALONSE

Chimène à vos genoux apporte sa douleur ;
Elle vient tout en pleurs vous demander justice.

DON FERNAND

Bien qu'à ses déplaisirs[3] mon âme compatisse,
Ce que le Comte a fait semble avoir mérité
Ce digne[4] châtiment de sa témérité.

1. **L'avis étant mal sûr** : la nouvelle étant peu sûre.
2. **Prévenir** : empêcher.
3. **Ses déplaisirs** : son désespoir.
4. **Digne** : juste.

➲ **Au XVIIe siècle, les bienséances interdisent de montrer la mort sur scène afin de ne pas choquer le public. Corneille ne peut donc donner à voir celle du Comte. La mort et les combats sont racontés (voir le récit du combat contre les Maures, IV, 3). Voir « Les règles du théâtre classique », p. 138.**

Quelque juste pourtant que puisse être sa peine,
Je ne puis sans regret perdre un tel capitaine.
Après un long service à mon État rendu,
Après son sang pour moi mille fois répandu,
À quelques sentiments que son orgueil m'oblige,
Sa perte m'affaiblit, et son trépas[1] m'afflige.

SCÈNE 8 – DON FERNAND, DON DIÈGUE, CHIMÈNE, DON SANCHE, DON ARIAS, DON ALONSE

CHIMÈNE

Sire, sire, justice !

DON DIÈGUE

Ah ! Sire, écoutez-nous.

CHIMÈNE

Je me jette à vos pieds.

DON DIÈGUE

J'embrasse vos genoux

CHIMÈNE

Je demande justice.

DON DIÈGUE

Entendez ma défense.

CHIMÈNE

D'un jeune audacieux punissez l'insolence :
Il a de votre sceptre abattu le soutien,
Il a tué mon père,

1. **Trépas** : mort.

DON DIÈGUE

Il a vengé le sien.

CHIMÈNE

Au sang de ses sujets un roi doit la justice.

DON DIÈGUE

Pour la juste vengeance il n'est point de supplice.

DON FERNAND

Levez-vous l'un et l'autre, et parlez à loisir.
Chimène, je prends part à votre déplaisir ;
D'une égale douleur je sens mon âme atteinte.

(À don Diègue.)

Vous parlerez après ; ne troublez pas sa plainte.

CHIMÈNE

Sire, mon père est mort ; mes yeux ont vu son sang
Couler à gros bouillons de son généreux* flanc[1] ;
Ce sang qui tant de fois garantit vos murailles[2],
Ce sang qui tant de fois vous gagna des batailles,
Ce sang qui tout sorti fume encor de courroux[3]
De se voir répandu pour d'autres que pour vous,
Qu'au milieu des hasards n'osait verser la guerre,
Rodrigue en votre cour vient d'en couvrir la terre.
J'ai couru sur le lieu, sans force et sans couleur ;
Je l'ai trouvé sans vie. Excusez ma douleur,
Sire, la voix me manque à ce récit funeste ;
Mes pleurs et mes soupirs vous diront mieux le reste.

1. **Flanc** : torse, côté.
2. **Garantit vos murailles** : protégea vos villes et places fortes.
3. **Courroux** : colère.

« Sire, sire, justice ! » Frontispice d'une édition du *Cid*, 1760.

- Identifie les personnages présents sur la gravure.
- Observe les costumes des personnages. À quelle époque historique renvoient-ils ?

DON FERNAND

Prends courage, ma fille, et sache qu'aujourd'hui
Ton roi te veut servir de père au lieu de lui.

CHIMÈNE

Sire, de trop d'honneur ma misère est suivie.
Je vous l'ai déjà dit, je l'ai trouvé sans vie ;
Son flanc était ouvert ; et pour mieux m'émouvoir,
Son sang sur la poussière écrivait mon devoir ;
Ou plutôt sa valeur en cet état réduite
Me parlait par sa plaie, et hâtait ma poursuite[1] ;
Et pour se faire entendre au plus juste des rois,
Par cette triste bouche[2] elle empruntait ma voix.
Sire, ne souffrez pas que sous votre puissance
Règne devant vos yeux une telle licence[3] ;
Que les plus valeureux, avec impunité[4],
Soient exposés aux coups de la témérité[5] ;
Qu'un jeune audacieux triomphe de leur gloire,
Se baigne dans leur sang, et brave leur mémoire.
Un si vaillant guerrier qu'on vient de vous ravir
Éteint, s'il n'est vengé, l'ardeur de vous servir.
Enfin mon père est mort, j'en demande vengeance,
Plus pour votre intérêt que pour mon allégeance[6].

1. **Hâtait ma poursuite** : me poussait à poursuivre sans attendre son meurtrier.
2. **Bouche** : il s'agit de la plaie du Comte.
3. **Licence** : liberté excessive.
4. **Avec impunité** : sans être punis.
5. **Témérité** : audace, courage excessif.
6. **Allégeance** : soulagement.

Vous perdez en la mort d'un homme de son rang[1] ;
Vengez-la par une autre, et le sang par le sang.
Immolez[2], non à moi, mais à votre couronne,
Mais à votre grandeur, mais à votre personne ;
Immolez, dis-je, Sire, au bien de tout l'État
Tout ce[3] qu'enorgueillit un si haut attentat.

DON FERNAND

Don Diègue, répondez.

DON DIÈGUE

Qu'on est digne d'envie
Lorsqu'en perdant la force on perd aussi la vie,
Et qu'un long âge apprête[4] aux hommes généreux,
Au bout de leur carrière, un destin malheureux !
Moi, dont les longs travaux[5] ont acquis tant de gloire,
Moi, que jadis partout a suivi la victoire,
Je me vois aujourd'hui pour avoir trop vécu,
Recevoir un affront[6] et demeurer vaincu.
Ce que n'a pu jamais combat, siège, embuscade,
Ce que n'a pu jamais Aragon ni Grenade,
Ni tous vos ennemis, ni tous mes envieux,
Le Comte en votre cour l'a fait presque à vos yeux,
Jaloux de votre choix, et fier de l'avantage
Que lui donnait sur moi l'impuissance de l'âge.

1. **Vous perdez [...] rang** : la mort d'un homme de son rang est une grande perte pour vous.
2. **Immolez** : sacrifiez.
3. **Tout ce** : renvoie à Rodrigue et don Diègue.
4. **Apprête** : prépare.
5. **Travaux** : exploits guerriers.
6. **Affront** : injure.

Sire, ainsi ces cheveux blanchis sous le harnois[1],
Ce sang pour vous servir prodigué[2] tant de fois,
Ce bras, jadis l'effroi d'une armée ennemie,
Descendaient au tombeau tout chargés d'infamie,
Si je n'eusse produit un fils[3] digne de moi,
Digne de son pays, et digne de son roi.
Il m'a prêté sa main, il a tué le Comte ;
Il m'a rendu l'honneur, il a lavé ma honte.
Si montrer du courage et du ressentiment[4],
Si venger un soufflet mérite un châtiment,
Sur moi seul doit tomber l'éclat de la tempête :
Quand le bras a failli[5], l'on en punit la tête.
Qu'on nomme crime, ou non, ce qui fait nos débats,
Sire, j'en suis la tête, il n'en est que le bras.
Si Chimène se plaint qu'il a tué son père,
Il ne l'eût jamais fait si je l'eusse pu faire.
Immolez[6] donc ce chef[7] que les ans vont ravir[8],
Et conservez pour vous le bras qui peut servir.
Aux dépens de mon sang satisfaites Chimène :
Je n'y résiste point, je consens à ma peine ;
Et, loin de murmurer d'un rigoureux décret[9],
Mourant sans déshonneur, je mourrai sans regret.

1. **Harnois** : armure.
2. **Prodigué** : dépensé.
3. **Produit un fils** : donné naissance à un fils.
4. **Du ressentiment** : un désir de vengeance.
5. **A failli** : a commis une faute.
6. **Immolez** : sacrifiez.
7. **Chef** : tête.
8. **Ravir** : emporter.
9. **Et loin de murmurer d'un rigoureux décret** : et loin de contester une décision sévère.

DON FERNAND

L'affaire est d'importance, et, bien considérée,
Mérite en plein conseil d'être délibérée.
Don Sanche, remettez Chimène en sa maison.
Don Diègue aura ma cour et sa foi[1] pour prison.
Qu'on me cherche son fils. Je vous ferai justice.

CHIMÈNE

Il est juste, grand Roi, qu'un meurtrier périsse.

DON FERNAND

Prends du repos, ma fille, et calme tes douleurs.

CHIMÈNE

M'ordonner du repos, c'est croître[2] mes malheurs.

1. **Sa foi** : sa parole.
2. **Croître** : accroître.

Acte III

SCÈNE 1 – DON RODRIGUE, ELVIRE

Chez Chimène.

ELVIRE

Rodrigue, qu'as-tu fait ? où viens-tu, misérable[1] ?

DON RODRIGUE

Suivre le triste cours de mon sort déplorable.

ELVIRE

Où prends-tu cette audace et ce nouvel orgueil
De paraître en des lieux que tu remplis de deuil ?
Quoi ! viens-tu jusqu'ici braver l'ombre du Comte ?
Ne l'as-tu pas tué ?

DON RODRIGUE

Sa vie était ma honte ;
Mon honneur de ma main a voulu cet effort[2].

ELVIRE

Mais chercher ton asile[3] en la maison du mort !
Jamais un meurtrier en fit-il son refuge ?

DON RODRIGUE

Et je n'y viens aussi que m'offrir à mon juge.
Ne me regarde plus d'un visage étonné[4] ;
Je cherche le trépas après l'avoir donné.
Mon juge est mon amour, mon juge est ma Chimène :

1. **Misérable** : malheureux.
2. **Mon [...] effort** : mon honneur exigeait que j'accomplisse cet acte.
3. **Asile** : refuge, salut.
4. **Étonné** : épouvanté (sens très fort).

Je mérite la mort de mériter sa haine[1],
Et j'en[2] viens recevoir, comme un bien souverain[3],
Et l'arrêt[4] de sa bouche, et le coup de sa main.

ELVIRE

Fuis plutôt de ses yeux, fuis de sa violence ;
À ses premiers transports[5] dérobe ta présence.
Va, ne t'expose point aux premiers mouvements
Que poussera[6] l'ardeur de ses ressentiments.

DON RODRIGUE

Non, non, ce cher objet[7] à qui j'ai pu déplaire
Ne peut pour mon supplice avoir trop de colère ;
Et j'évite cent morts[8] qui me vont accabler,
Si pour mourir plus tôt je puis la redoubler[9].

ELVIRE

Chimène est au palais, de pleurs toute baignée,
Et n'en reviendra point que bien accompagnée.
Rodrigue, fuis, de grâce, ôte-moi de souci[10].
Que ne dira-t-on point si l'on te voit ici ?
Veux-tu qu'un médisant, pour comble à sa misère,
L'accuse d'y souffrir[11] l'assassin de son père ?
Elle va revenir ; elle vient, je la voi[12] :
Du moins pour son honneur, Rodrigue, cache-toi.

---

1. **De mériter sa haine** : puisque je mérite sa haine.
2. **En** : de ma mort.
3. **Souverain** : absolu, excellent, supérieur à tout autre.
4. **Arrêt** : sentence.
5. **Transports** : réactions violentes.
6. **Poussera** : fera naître.
7. **Objet** : personne aimée.
8. **Morts** : tourments.
9. **La redoubler** : redoubler sa colère.
10. **Ôte-moi de souci** : délivre-moi de mon souci.
11. **Souffrir** : supporter.
12. **Voi** : vois (orthographe admise au XVIIe siècle).

SCÈNE 2 – DON SANCHE, CHIMÈNE, ELVIRE

DON SANCHE

Oui, madame, il vous faut de sanglantes victimes :
Votre colère est juste, et vos pleurs légitimes[1] ;
Et je n'entreprends pas, à force de parler,
Ni de vous adoucir, ni de vous consoler.
Mais si de vous servir je puis être capable,
Employez mon épée à punir le coupable ;
Employez mon amour à venger cette mort :
Sous vos commandements mon bras sera trop fort.

CHIMÈNE

Malheureuse !

DON SANCHE

De grâce, acceptez mon service.

CHIMÈNE

J'offenserais le Roi, qui m'a promis justice.

DON SANCHE

Vous savez qu'elle[2] marche avec tant de langueur[3],
Qu'assez souvent le crime échappe à sa longueur[4] ;
Son cours lent et douteux fait trop perdre de larmes.
Souffrez qu'un cavalier vous venge par les armes :
La voie en est plus sûre, et plus prompte à punir[5].

1. **Légitimes** : compréhensibles, logiques.
2. **Elle** : la justice.
3. **Langueur** : mollesse.
4. **Longueur** : lenteur.
5. **Prompte à punir** : prête à vous venger rapidement.

CHIMÈNE

C'est le dernier remède ; et s'il y faut venir,
Et que de mes malheurs cette pitié vous dure[1],
Vous serez libre alors de venger mon injure[2].

DON SANCHE

C'est l'unique bonheur où mon âme prétend ;
Et pouvant l'espérer, je m'en vais trop content.

SCÈNE 3 – CHIMÈNE, ELVIRE

CHIMÈNE

Enfin je me vois libre, et je puis sans contrainte
De mes vives douleurs te faire voir l'atteinte ;
Je puis donner passage à mes tristes soupirs ;
Je puis t'ouvrir mon âme et tous mes déplaisirs.
Mon père est mort, Elvire ; et la première épée
Dont s'est armé Rodrigue, a sa trame coupée[3].
Pleurez, pleurez, mes yeux, et fondez-vous en eau !
La moitié de ma vie a mis l'autre au tombeau,
Et m'oblige à venger, après ce coup funeste,
Celle que je n'ai plus sur celle qui me reste.

ELVIRE

Reposez-vous, madame.

CHIMÈNE

Ah ! que mal à propos
Dans un malheur si grand tu parles de repos !

1. **Cette pitié vous dure** : si vous continuez à prendre mes malheurs en pitié.
2. **Mon injure** : l'outrage que j'ai subi.
3. **A sa trame coupée** : a coupé la trame (le fil) de ses jours.

Par où sera jamais ma douleur apaisée,
Si je ne puis haïr la main qui l'a causée ?
Et que dois-je espérer[1] qu'un tourment éternel
Si je poursuis un crime, aimant le criminel ?

ELVIRE

Il vous prive d'un père, et vous l'aimez encore !

CHIMÈNE

C'est peu de dire aimer, Elvire, je l'adore ;
Ma passion s'oppose à mon ressentiment[2] ;
Dedans mon ennemi je trouve mon amant ;
Et je sens qu'en dépit de toute ma colère,
Rodrigue dans mon cœur combat encor mon père :
Il l'attaque, il le presse, il cède, il se défend,
Tantôt fort, tantôt faible, et tantôt triomphant ;
Mais en ce dur combat de colère et de flamme,
Il déchire mon cœur sans partager mon âme ;
Et quoi que mon amour ait sur moi de pouvoir,
Je ne consulte[3] point pour suivre mon devoir ;
Je cours sans balancer[4] où mon honneur m'oblige.
Rodrigue m'est bien cher, son intérêt m'afflige[5] ;
Mon cœur prend son parti ; mais, malgré son effort,
Je sais ce que je suis, et que mon père est mort.

ELVIRE

Pensez-vous le poursuivre[6] ?

CHIMÈNE

Ah ! cruelle pensée !

1. **Que dois-je espérer** : que puis-je attendre d'autre.
2. **Ressentiment** : rancune.
3. **Consulte** : délibère.
4. **Balancer** : hésiter.
5. **M'afflige** : me touche, m'importe.
6. **Le poursuivre** : le poursuivre en justice.

Et cruelle poursuite où je me vois forcée !
Je demande sa tête, et crains de l'obtenir :
Ma mort suivra la sienne, et je le veux punir !

ELVIRE

Quittez, quittez, madame, un dessein[1] si tragique ;
Ne vous imposez point de loi si tyrannique.

CHIMÈNE

Quoi ! mon père étant mort et presque entre mes bras,
Son sang criera vengeance, et je ne l'orrai pas[2] !
Mon cœur, honteusement surpris par d'autres charmes,
Croira ne lui devoir que d'impuissantes larmes !
Et je pourrai souffrir qu'un amour suborneur[3]
Sous un lâche silence étouffe mon honneur !

ELVIRE

Madame, croyez-moi, vous serez excusable
D'avoir moins de chaleur contre un objet[4] aimable ;
Contre un amant si cher, vous avez assez fait,
Vous avez vu le Roi ; n'en[5] pressez point l'effet[6],
Ne vous obstinez point en cette humeur étrange.

CHIMÈNE

Il y va de ma gloire[7], il faut que je me venge ;
Et de quoi que nous flatte un désir amoureux[8],
Toute excuse est honteuse aux esprits généreux.

1. **Dessein** : projet.
2. **Orrai** : entendrai (futur du verbe *ouïr*).
3. **Suborneur** : qui détourne du devoir.
4. **Objet** : personne aimée.
5. **En** : de votre démarche auprès du roi.
6. **L'effet** : le résultat.
7. **Gloire** : réputation.
8. **Et de quoi [...] amoureux** : et quelle que soit la séduction exercée par l'amour.

ELVIRE

Mais vous aimez Rodrigue, il ne peut vous déplaire.

CHIMÈNE

Je l'avoue.

ELVIRE

Après tout[1], que pensez-vous donc faire ?

CHIMÈNE

Pour conserver ma gloire et finir mon ennui[2],
Le poursuivre, le perdre[3], et mourir après lui.

SCÈNE 4 – DON RODRIGUE, CHIMÈNE, ELVIRE

DON RODRIGUE

Eh bien ! sans vous donner la peine de poursuivre,
Assurez-vous l'honneur de m'empêcher de vivre.

CHIMÈNE

Elvire, où sommes-nous, et qu'est-ce que je voi[4] ?
Rodrigue en ma maison ! Rodrigue devant moi !

DON RODRIGUE

N'épargnez point mon sang ; goûtez, sans résistance,
La douceur de ma perte et de votre vengeance.

CHIMÈNE

Hélas !

DON RODRIGUE

Écoute-moi

1. **Après tout** : en définitive.
2. **Ennui** : tristesse profonde, grand chagrin.
3. **Le perdre** : obtenir sa mort.
4. **Voi** : voir note 12, p. 67.

CHIMÈNE

Je me meurs.

DON RODRIGUE

Un moment.

CHIMÈNE

Va, laisse-moi mourir.

DON RODRIGUE

Quatre mots seulement ;
Après, ne me réponds qu'avecque[1] cette épée.

CHIMÈNE

Quoi ! du sang de mon père encor toute trempée !

DON RODRIGUE

Ma Chimène…

CHIMÈNE

Ôte-moi cet objet odieux[2]
Qui reproche[3] ton crime et ta vie à mes yeux.

DON RODRIGUE

Regarde-le plutôt pour exciter ta haine,
Pour croître ta colère, et pour hâter ma peine[4].

CHIMÈNE

Il est teint de mon sang.

DON RODRIGUE

Plonge-le dans le mien,
Et fais-lui perdre ainsi la teinture du tien.

CHIMÈNE

Ah ! quelle cruauté, qui tout en un jour tue
Le père par le fer, la fille par la vue !

---

1. **Avecque** : avec (forme poétique).
2. **Odieux** : que je déteste.
3. **Qui reproche** : qui rappelle douloureusement.
4. **Ma peine** : mon châtiment.

Ôte-moi cet objet, je ne le puis souffrir :
Tu veux que je t'écoute, et tu me fais mourir !

DON RODRIGUE

Je fais ce que tu veux, mais sans quitter[1] l'envie
De finir par tes mains ma déplorable vie ;
Car enfin n'attends pas de mon affection
Un lâche repentir d'une bonne action.
L'irréparable effet d'une chaleur[2] trop prompte[3]
Déshonorait mon père, et me couvrait de honte.
Tu sais comme un soufflet touche un homme de cœur.
J'avais part à l'affront, j'en ai cherché l'auteur :
Je l'ai vu, j'ai vengé mon honneur et mon père ;
Je le ferais encor, si j'avais à le faire.
Ce n'est pas qu'en effet contre mon père et moi
Ma flamme assez longtemps n'ait combattu pour toi ;
Juge de son pouvoir : dans une telle offense
J'ai pu délibérer[4] si j'en prendrais vengeance.
Réduit à te déplaire, ou souffrir un affront,
J'ai pensé qu'à son tour mon bras était trop prompt ;
Je me suis accusé de trop de violence ;
Et ta beauté, sans doute, emportait la balance[5],
À moins que d'opposer à tes plus forts appas[6]
Qu'un homme sans honneur ne te méritait pas ;
Que, malgré cette part que j'avais en ton âme,
Qui m'aima généreux me haïrait infâme ;

1. **Quitter** : perdre.
2. **Chaleur** : mouvement de colère qui a poussé le Comte à souffleter don Diègue.
3. **Prompte** : immédiate, rapide.
4. **Délibérer** : me demander si.
5. **Emportait la balance** : l'aurait emporté.
6. **Appas** : attraits.

Qu'écouter ton amour, obéir à ta voix,
C'était m'en rendre indigne et diffamer[1] ton choix.
Je te le dis encore, et, quoique j'en soupire,
Jusqu'au dernier soupir je veux bien le redire :
Je t'ai fait une offense, et j'ai dû m'y porter
Pour effacer ma honte, et pour te mériter ;
Mais, quitte envers l'honneur, et quitte envers mon père,
C'est maintenant à toi que je viens satisfaire[2] :
C'est pour t'offrir mon sang qu'en ce lieu tu me vois.
J'ai fait ce que j'ai dû, je fais ce que je dois.
Je sais qu'un père mort t'arme contre mon crime ;
Je ne t'ai pas voulu dérober ta victime :
Immole avec courage au sang qu'il[3] a perdu
Celui qui met sa gloire à l'avoir répandu.

CHIMÈNE

Ah ! Rodrigue ! il est vrai, quoique ton ennemie,
Je ne puis te blâmer d'avoir fui l'infamie ;
Et de quelque façon qu'éclatent mes douleurs,
Je ne t'accuse point, je pleure mes malheurs.
Je sais ce que l'honneur, après un tel outrage,
Demandait à l'ardeur d'un généreux courage :
Tu n'as fait le devoir que d'un homme de bien ;
Mais aussi, le faisant, tu m'as appris le mien.
Ta funeste[4] valeur m'instruit par ta victoire ;
Elle a vengé ton père et soutenu ta gloire :
Même soin[5] me regarde, et j'ai, pour m'affliger,

1. **Diffamer** : rendre infâme.
2. **Satisfaire** : offrir une réparation.
3. **Il** : le Comte.
4. **Funeste** : qui apporte la mort, fatale.
5. **Même soin** : la même mission.

Ma gloire à soutenir, et mon père à venger.
Hélas ! ton intérêt[1] ici me désespère.
Si quelque autre malheur m'avait ravi mon père,
Mon âme aurait trouvé dans le bien[2] de te voir
L'unique allégement qu'elle eût pu recevoir ;
Et contre ma douleur j'aurais senti des charmes,
Quand une main si chère eût essuyé mes larmes.
Mais il me faut te perdre après l'avoir perdu ;
Cet effort sur ma flamme à mon honneur est dû ;
Et cet affreux devoir, dont l'ordre m'assassine,
Me force à travailler moi-même à ta ruine.
Car enfin n'attends pas de mon affection
De lâches sentiments pour ta punition.
De quoi qu'en ta faveur notre amour m'entretienne[3],
Ma générosité doit répondre à la tienne :
Tu t'es, en m'offensant, montré digne de moi ;
Je me dois, par ta mort, montrer digne de toi.

DON RODRIGUE

Ne diffère[4] donc plus ce que l'honneur t'ordonne :
Il demande ma tête[5], et je te l'abandonne ;
Fais-en un sacrifice à ce noble intérêt :
Le coup m'en sera doux, aussi bien que l'arrêt.
Attendre après mon crime une lente justice,
C'est reculer ta gloire autant que mon supplice.
Je mourrai trop heureux mourant d'un coup si beau.

1. **Ton intérêt** : l'intérêt que j'ai pour toi (euphémisme pour dire l'amour).
2. **Le bien** : le bonheur.
3. **De quoi [...] m'entretienne** : malgré tout ce que notre amour me dit en ta faveur.
4. **Diffère** : retarde.
5. **Il demande ma tête** : il veut que je sois exécuté.

CHIMÈNE

Va, je suis ta partie[1], et non pas ton bourreau.
Si tu m'offres ta tête, est-ce à moi de la prendre ?
Je la dois attaquer, mais tu dois la défendre ;
C'est d'un autre que toi qu'il me faut l'obtenir,
Et je dois te poursuivre, et non pas te punir.

DON RODRIGUE

De quoi qu'en ma faveur notre amour t'entretienne,
Ta générosité doit répondre à la mienne ;
Et pour venger un père emprunter d'autres bras,
Ma Chimène, crois-moi, c'est n'y répondre pas :
Ma main seule du mien a su venger l'offense,
Ta main seule du tien doit prendre la vengeance.

CHIMÈNE

Cruel ! à quel propos sur ce point t'obstiner ?
Tu t'es vengé sans aide, et tu m'en veux donner !
Je suivrai ton exemple, et j'ai trop de courage
Pour souffrir qu'avec toi ma gloire se partage.
Mon père et mon honneur ne veulent rien devoir
Aux traits[2] de ton amour, ni de ton désespoir.

DON RODRIGUE

Rigoureux point d'honneur ! hélas ! quoi que je fasse,
Ne pourrai-je à la fin obtenir cette grâce[3] ?
Au nom d'un père mort, ou de notre amitié[4],
Punis-moi par vengeance, ou du moins par pitié.
Ton malheureux amant aura bien moins de peine
A mourir par ta main qu'à vivre avec ta haine.

1. **Partie** : adversaire (dans un procès).
2. **Aux traits** : aux effets.
3. **Cette grâce** : la grâce que tu me tues.
4. **Amitié** : amour.

CHIMÈNE

Va, je ne te hais point.

DON RODRIGUE

Tu le dois.

CHIMÈNE

Je ne puis.

DON RODRIGUE

Crains-tu si peu le blâme, et si peu les faux bruits[1] ?
Quand on saura mon crime, et que ta flamme dure,
Que ne publieront point l'envie et l'imposture[2] !
Force-les au silence, et sans plus discourir,
Sauve ta renommée en me faisant mourir.

CHIMÈNE

Elle éclate bien mieux en te laissant la vie ;
Et je veux que la voix de la plus noire envie[3]
Élève au ciel ma gloire et plaigne mes ennuis,
Sachant que je t'adore et que je te poursuis.
Va-t'en, ne montre plus à ma douleur extrême
Ce qu'il faut que je perde, encore que[4] je l'aime.
Dans l'ombre de la nuit cache bien ton départ ;
Si l'on te voit sortir, mon honneur court hasard[5].
La seule occasion qu'aura la médisance,
C'est de savoir qu'ici j'ai souffert ta présence :
Ne lui donne point lieu d'attaquer ma vertu.

1. **Faux bruits** : médisances.
2. **Que [...] l'imposture** : quelles rumeurs la jalousie et le mensonge ne répandront-ils pas ?
3. **La voix de la plus noire envie** : la voix de la jalousie la plus perverse.
4. **Encore que** : même si.
5. **Court hasard** : court un risque.

DON RODRIGUE

Que je meure !

CHIMÈNE

Va-t'en.

DON RODRIGUE

À quoi te résous-tu ?

CHIMÈNE

Malgré des feux si beaux qui troublent ma colère[1],
Je ferai mon possible à[2] bien venger mon père ;
Mais, malgré la rigueur d'un si cruel devoir,
Mon unique souhait est de ne rien pouvoir.

DON RODRIGUE

Ô miracle d'amour !

CHIMÈNE

Ô comble de misère !

DON RODRIGUE

Que de maux et de pleurs nous coûteront nos pères !

CHIMÈNE

Rodrigue, qui l'eût cru ?

DON RODRIGUE

Chimène, qui l'eût dit ?

CHIMÈNE

Que notre heur[3] fût si proche, et sitôt se perdît ?

DON RODRIGUE

Et que si près du port[4], contre toute apparence,
Un orage si prompt brisât notre espérance ?

1. **Qui troublent ma colère** : qui réduisent mon désir de vengeance.
2. **À** : pour.
3. **Heur** : bonheur.
4. **Si près du port** : si près du but, du bonheur.

CHIMÈNE

Ah ! mortelles douleurs !

DON RODRIGUE

Ah ! regrets superflus !

CHIMÈNE

Va-t'en, encore un coup[1], je ne t'écoute plus.

DON RODRIGUE

Adieu ; je vais traîner une mourante vie,
Tant que[2] par ta poursuite elle me soit ravie[3].

CHIMÈNE

Si j'en obtiens l'effet[4], je t'engage ma foi
De ne respirer pas un moment après toi.
Adieu : sors, et surtout garde bien qu'on te voie[5].

ELVIRE

Madame, quelques maux que le ciel nous envoie...

CHIMÈNE

Ne m'importune plus, laisse-moi soupirer.
Je cherche le silence et la nuit pour pleurer.

---

1. **Encore un coup** : encore une fois.
2. **Tant que** : jusqu'à ce que.
3. **Ravie** : volée.
4. **L'effet** : la réalisation.
5. **Garde bien qu'on te voie** : fais bien attention à ce qu'on ne te voie pas.

Photo 1 : Chimène pleurant la mort de son père

Le Cid, mise en scène de Sandrine Anglade (2013). Don Fernand (Gérard Hardy), Chimène (Géraldine Szajman) et Don Gomès (Laurent Montel).

Photo 2 : Rodrigue et Chimène (acte III, scène 4)

Le Cid, mise en scène de Sandrine Anglade (2013).
Chimène (Géraldine Szajman) et le Cid (Damien Houssier).

Photo 3 : Rodrigue et Chimène (acte III, scène 4)

Le Cid, mise en scène de Sandrine Anglade (2013).
Chimène (Géraldine Szajman) et le Cid (Damien Houssier).

Photo 4 : Rodrigue et le Comte : la scène du duel (acte II, scène 2)

Le Cid, mise en scène de Thomas le Douarec, 2009. Gilles Nicoleau (Rodrigue), Vanessa Gregory (Chimène), Philippe Maymat (Don Gomès).

Photo 5 : Rodrigue et Chimène (acte III, scène 4)

Le Cid, mise en scène de Thomas le Douarec, 2009. Gilles Nicoleau (Rodrigue), Vanessa Gregory (Chimène), Philippe Maymat (Don Gomès).

Photo 6 : Rodrigue et Chimène (acte III, scène 4)

El Cid, mise en scène de Philippe Car, Agence de voyages imaginaires (2013).
Le Cid (Philippe Car) et Chimène (Valérie Bournet).

Photo 7 : Rodrigue part combattre les Mores (acte IV, scène 3)

El Cid, mise en scène de Philippe Car, Agence de voyages imaginaires (2013).
Le Cid (Philippe Car) et Chimène (Valérie Bournet).

LECTURE ACTIVE 5

Acte III, scène 4 • Après le meurtre du père

→ Voir aussi étape 4, p. 146 et étape 8, p. 154.

As-tu bien lu ?

1 Quel sont les sentiments de Chimène au début de la scène ?

2 Quel objet Rodrigue lui présente-t-il ?
- ☐ un mouchoir taché du sang du Comte
- ☐ l'épée du Comte
- ☐ sa propre épée

Quel sentiment suscite-t-il ?

3 À quel dilemme Chimène fait-elle face ?
- ☐ Elle veut tuer Rodrigue mais doit demander justice au roi.
- ☐ Elle veut venger son père mais aime Rodrigue.
- ☐ Elle déteste Rodrigue mais doit l'épouser.

4 Quel est le troisième personnage présent sur scène ? Quel est son rôle ?

Atelier théâtre

Interpréter Chimène sous forme de chœur

▸ ***Objectif.*** Exprimer l'indignation et la colère, au moyen d'un chœur de voix.

▸ ***Préparation.*** Relisez les vers 849 à 868.
Demandez-vous quels sont les sentiments successifs du personnage.

▸ ***Réalisation.*** Un élève de la classe monte sur scène pour jouer Rodrigue , les autres diront en chœur les répliques de Chimène, placés en cercle. Chacun a le livre à la main. Dites une première fois le texte en chuchotant, puis recommencez en montant le volume de la voix.

▸ ***Réfléchir ensemble.*** Quel est l'effet produit par ce chœur de voix ? Peut-on inverser les rôles et faire jouer Rodrigue par un chœur ? Pourquoi ?

SCÈNE 5 – DON DIÈGUE

La place publique.

DON DIÈGUE

Jamais nous ne goûtons de parfaite allégresse :
Nos plus heureux succès sont mêlés de tristesse ;
Toujours quelques soucis en ces événements
Troublent la pureté de nos contentements.
Au milieu du bonheur mon âme en sent l'atteinte :
Je nage dans la joie, et je tremble de crainte.
J'ai vu mort l'ennemi qui m'avait outragé ;
Et je ne saurais voir la main qui m'a vengé.
En vain je m'y travaille[1], et d'un soin inutile,
Tout cassé que je suis, je cours toute la ville :
Ce peu que mes vieux ans m'ont laissé de vigueur
Se consume sans fruit[2] à chercher ce vainqueur.
À toute heure, en tous lieux, dans une nuit si sombre,
Je pense l'embrasser, et n'embrasse qu'une ombre ;
Et mon amour, déçu[3] par cet objet trompeur,
Se forme des soupçons[4] qui redoublent ma peur.
Je ne découvre point de marques de sa fuite ;
Je crains du Comte mort les amis et la suite ;
Leur nombre m'épouvante et confond[5] ma raison.
Rodrigue ne vit plus, ou respire en prison.
Justes cieux ! me trompé-je encore à l'apparence,

1. **Je m'y travaille** : je m'y empêche.
2. **Sans fruit** : sans résultat, inutilement.
3. **Déçu** : trompé.
4. **Se forme des soupçons** : fait des suppositions.
5. **Confond** : trouble.

Ou si[1] je vois enfin mon unique espérance ?
C'est lui, n'en doutons plus ; mes vœux sont exaucés,
Ma crainte est dissipée, et mes ennuis cessés[2].

SCÈNE 6 – DON DIÈGUE, DON RODRIGUE

DON DIÈGUE

Rodrigue, enfin le ciel permet que je te voie !

DON RODRIGUE

Hélas !

DON DIÈGUE

Ne mêle point de soupirs à ma joie ;
Laisse-moi prendre haleine afin de te louer.
Ma valeur n'a point lieu de te désavouer ;
Tu l'as bien imitée, et ton illustre audace
Fait bien revivre en toi les héros de ma race ;
C'est d'eux que tu descends, c'est de moi que tu viens ;
Ton premier coup d'épée égale tous les miens ;
Et d'une belle ardeur ta jeunesse animée
Par cette grande épreuve atteint ma renommée.
Appui de ma vieillesse, et comble de mon heur[3],
Touche ces cheveux blancs à qui tu rends honneur ;
Viens baiser cette joue, et reconnais la place
Où fut empreint[4] l'affront que ton courage efface.

1. **Si** : est-ce que.
2. **Cessés** : achevés.
3. **Heur** : bonheur.
4. **Empreint** : inscrit.

DON RODRIGUE

L'honneur vous en est dû : je ne pouvais pas moins
Étant sorti de vous[1] et nourri par vos soins.
Je m'en tiens trop heureux[2], et mon âme est ravie
Que mon coup d'essai plaise à qui je dois la vie ;
Mais parmi vos plaisirs ne soyez point jaloux
Si je m'ose à mon tour satisfaire[3] après vous.
Souffrez qu'en liberté mon désespoir éclate ;
Assez et trop longtemps votre discours le flatte[4].
Je ne me repens point de vous avoir servi ;
Mais rendez-moi le bien que ce coup m'a ravi.
Mon bras, pour vous venger, armé contre ma flamme,
Par ce coup glorieux m'a privé de mon âme.
Ne me dites plus rien ; pour vous j'ai tout perdu :
Ce que je vous devais, je vous l'ai bien rendu.

DON DIÈGUE

Porte, porte plus haut[5] le fruit de ta victoire :
Je t'ai donné la vie, et tu me rends ma gloire ;
Et d'autant que l'honneur m'est plus cher que le jour,
D'autant plus maintenant je te dois de retour[6].
Mais d'un cœur magnanime[7] éloigne ces faiblesses ;
Nous n'avons qu'un honneur, il est tant de maîtresses !
L'amour n'est qu'un plaisir, l'honneur est un devoir.

---

1. **Sorti de vous** : né de vous.
2. **Je m'en tiens trop heureux** : je suis très heureux de cette victoire.
3. **Si je m'ose [...] vous** : si j'ose à mon tour m'exprimer franchement.
4. **Le flatte** : le trompe.
5. **Porte plus haut** : exalte davantage.
6. **Je te dois de retour** : je te suis redevable en retour.
7. **Magnanime** : généreux.

Alexandre Evariste Fragonard (1780-1850), Rodrigo de Vivar (1043-1099), « El Cid » et son père, Don Diego, vers 1827, huile sur toile, 46,5 x 38 cm, collection privée.

▶ L'attitude de Don Diègue et de Rodrigue dans ce tableau te semble-t-elle correspondre à leurs propos de la scène 6 ? Justifie ta réponse

DON RODRIGUE

Ah ! que me dites-vous ?

DON DIÈGUE

Ce que tu dois savoir.

DON RODRIGUE

Mon honneur offensé sur moi-même se venge[1] ;
Et vous m'osez pousser à la honte du change[2] !
L'infamie est pareille, et suit également
Le guerrier sans courage et le perfide amant.
À ma fidélité ne faites point d'injure ;
Souffrez-moi généreux sans me rendre parjure[3] ;
Mes liens sont trop forts pour être ainsi rompus ;
Ma foi m'engage encor si je n'espère plus[4] ;
Et, ne pouvant quitter ni posséder Chimène,
Le trépas que je cherche est ma plus douce peine.

DON DIÈGUE

Il n'est pas temps encor de chercher le trépas :
Ton prince et ton pays ont besoin de ton bras.
La flotte qu'on craignait, dans ce grand fleuve[5] entrée,
Croit surprendre la ville et piller la contrée.
Les Mores vont descendre, et le flux et la nuit
Dans une heure à nos murs les amènent sans bruit.
La cour est en désordre, et le peuple en alarmes :
On n'entend que des cris, on ne voit que des larmes.
Dans ce malheur public, mon bonheur a permis

1. **Sur moi-même se venge** : Rodrigue est victime de sa vengeance.
2. **Change** : changement, inconstance (amoureuse).
3. **Parjure** : traître à mon serment.
4. **Ma foi [...] plus** : ma promesse de mariage m'engage encore, même si je n'ai plus d'espoir.
5. **Ce grand fleuve** : le Guadalquivir.

Que j'ai trouvé chez moi cinq cents de mes amis,
Qui, sachant mon affront, poussés d'un même zèle,
Se venaient tous offrir à venger ma querelle.
Tu les as prévenus[1] ; mais leurs vaillantes mains
Se tremperont bien mieux au sang des Africains.
Va marcher à leur tête où l'honneur te demande ;
C'est toi que veut pour chef leur généreuse bande.
De ces vieux ennemis va soutenir l'abord[2] :
Là, si tu veux mourir, trouve une belle mort,
Prends-en l'occasion, puisqu'elle t'est offerte ;
Fais devoir à ton roi son salut à ta perte[3] ;
Mais reviens-en plutôt les palmes sur le front.
Ne borne pas ta gloire à venger un affront,
Porte-la plus avant, force par ta vaillance
Ce monarque au pardon, et Chimène au silence ;
Si tu l'aimes, apprends que revenir vainqueur
C'est l'unique moyen de regagner son cœur.
Mais le temps est trop cher pour le perdre en paroles ;
Je t'arrête en discours[4], et je veux que tu voles.
Viens, suis-moi, va combattre, et montrer à ton roi
Que ce qu'il perd au Comte[5] il le recouvre[6] en toi.

1. **Prévenus** : devancés.
2. **L'abord** : l'assaut, l'attaque.
3. **Fais devoir [...] à ta perte** : fais en sorte que ton roi doive son salut à ta mort.
4. **Je t'arrête en discours** : je te retarde par mon discours.
5. **Au Comte** : en la personne du Comte.
6. **Recouvre** : retrouve.

Acte IV

SCÈNE 1 – CHIMÈNE, ELVIRE

Chez Chimène.

CHIMÈNE

N'est-ce point un faux bruit ? le sais-tu bien, Elvire ?

ELVIRE

Vous ne croiriez jamais comme chacun l'admire,
Et porte jusqu'au ciel, d'une commune voix,
De ce jeune héros les glorieux exploits.
Les Mores devant lui n'ont paru qu'à leur honte ;
Leur abord fut bien prompt, leur fuite encor plus prompte ;
Trois heures de combat laissent à nos guerriers
Une victoire entière et deux rois prisonniers.
La valeur de leur chef ne trouvait point d'obstacles.

CHIMÈNE

Et la main de Rodrigue a fait tous ces miracles ?

ELVIRE

De ses nobles efforts ces deux rois sont le prix ;
Sa main les a vaincus, et sa main les a pris.

CHIMÈNE

De qui peux-tu savoir ces nouvelles étranges[1] ?

ELVIRE

Du peuple qui partout fait sonner ses louanges,
Le nomme de sa joie et l'objet et l'auteur,
Son ange tutélaire[2], et son libérateur.

1. **Étranges** : merveilleuses.
2. **Tutélaire** : protecteur.

CHIMÈNE

Et le Roi, de quel œil voit-il tant de vaillance ?

ELVIRE

Rodrigue n'ose encor paraître en sa présence ;
Mais don Diègue ravi[1] lui présente enchaînés,
Au nom de ce vainqueur, ces captifs couronnés,
Et demande pour grâce à ce généreux prince
Qu'il daigne voir la main qui sauve la province.

CHIMÈNE

Mais n'est-il point blessé ?

ELVIRE

Je n'en ai rien appris.
Vous changez de couleur ! reprenez vos esprits.

CHIMÈNE

Reprenons donc aussi ma colère affaiblie :
Pour avoir soin de lui faut-il que je m'oublie ?
On le vante, on le loue, et mon cœur y consent !
Mon honneur est muet, mon devoir impuissant !
Silence, mon amour, laisse agir ma colère :
S'il a vaincu deux rois, il a tué mon père ;
Ces tristes vêtements[2], où je lis mon malheur,
Sont les premiers effets qu'ait produits sa valeur ;
Et quoi qu'on die[3] ailleurs d'un cœur si magnanime,
Ici tous les objets me parlent de son crime.
Vous qui rendez la force à mes ressentiments,
Voiles, crêpes[4], habits, lugubres ornements,

1. **Ravi** : transporté de joie.
2. Chimène porte des vêtements de deuil.
3. **Die** : dise.
4. **Crêpes** : morceaux de tissu noir que l'on porte en signe de deuil.

Pompe[1] que me prescrit sa première victoire,
Contre ma passion soutenez bien ma gloire ;
Et lorsque mon amour prendra trop de pouvoir,
Parlez à mon esprit de mon triste devoir,
Attaquez sans rien craindre une main triomphante.

ELVIRE

Modérez ces transports[2], voici venir l'Infante.

SCÈNE 2 – L'INFANTE, CHIMÈNE, LÉONOR, ELVIRE

L'INFANTE

Je ne viens pas ici consoler tes douleurs ;
Je viens plutôt mêler mes soupirs à tes pleurs.

CHIMÈNE

Prenez bien plutôt part à la commune joie,
Et goûtez le bonheur que le ciel vous envoie,
Madame : autre que moi[3] n'a droit de soupirer.
Le péril dont Rodrigue a su nous retirer,
Et le salut public que vous rendent ses armes,
À moi seule aujourd'hui souffrent[4] encor des larmes :
Il a sauvé la ville, il a servi son roi ;
Et son bras valeureux n'est funeste qu'à moi.

L'INFANTE

Ma Chimène, il est vrai qu'il a fait des merveilles.

1. **Pompe** : magnificence ; renvoie à l'ensemble des ornements funèbres.
2. **Transports** : manifestations de joie, émotions.
3. **Autre que moi** : personne d'autre que moi.
4. **Souffrent** : permettent.

CHIMÈNE

Déjà ce bruit fâcheux a frappé mes oreilles ;
Et je l'entends partout publier hautement[1]
Aussi brave guerrier que malheureux amant.

L'INFANTE

Qu'a de fâcheux pour toi ce discours populaire[2] ?
Ce jeune Mars[3] qu'il loue a su jadis te plaire ;
Il possédait ton âme, il vivait sous tes lois ;
Et vanter sa valeur, c'est honorer ton choix.

CHIMÈNE

Chacun peut la vanter avec quelque justice,
Mais pour moi sa louange est un nouveau supplice.
On aigrit[4] ma douleur en l'[5]élevant si haut :
Je vois ce que je perds quand je vois ce qu'il vaut.
Ah ! cruels déplaisirs à l'esprit d'une amante !
Plus j'apprends son mérite, et plus mon feu s'augmente :
Cependant mon devoir est toujours le plus fort,
Et malgré mon amour va poursuivre sa mort.

L'INFANTE

Hier ce devoir te mit en une haute estime ;
L'effort que tu te fis[6] parut si magnanime,
Si digne d'un grand cœur[7], que chacun à la cour
Admirait ton courage et plaignait ton amour.
Mais croirais-tu l'avis d'une amitié fidèle ?

1. **Publier hautement** : proclamer.
2. **Populaire** : du peuple.
3. **Mars** : dieu romain de la guerre.
4. **Aigrit** : augmente.
5. **L'** : Rodrigue.
6. **Que tu te fis** : que tu fis sur toi-même.
7. **Cœur** : courage.

CHIMÈNE

Ne vous obéir pas me rendrait criminelle.

L'INFANTE

Ce qui fut juste alors ne l'est plus aujourd'hui.
Rodrigue maintenant est notre unique appui,
L'espérance et l'amour d'un peuple qui l'adore,
Le soutien de Castille, et la terreur du More.
Le Roi même est d'accord de[1] cette vérité,
Que ton père en lui seul se voit ressuscité ;
Et si tu veux enfin qu'en deux mots je m'explique,
Tu poursuis en sa mort la ruine publique.
Quoi ? pour venger un père est-il jamais permis
De livrer sa patrie aux mains des ennemis ?
Contre nous ta poursuite est-elle légitime ?
Et pour être punis avons-nous part au crime[2] ?
Ce n'est pas qu'après tout tu doives épouser
Celui qu'un père mort t'obligeait d'accuser :
Je te voudrais moi-même en arracher l'envie :
Ôte-lui ton amour, mais laisse-nous sa vie.

CHIMÈNE

Ah ! ce n'est pas à moi d'avoir tant de bonté ;
Le devoir qui m'aigrit n'a rien de limité.
Quoique pour ce vainqueur mon amour s'intéresse,
Quoiqu'un peuple l'adore et qu'un roi le caresse,
Qu'il soit environné des plus vaillants guerriers,
J'irai sous mes cyprès[3] accabler ses lauriers.

1. **De** : sur.
2. **Et pour [...] crime** : sommes-nous responsables du crime pour que tu veuilles nous punir ?
3. **Cyprès** : arbres des cimetières ; Chimène parle de la tombe de son père.

L'INFANTE

C'est générosité quand, pour venger un père,
Notre devoir attaque une tête[1] si chère ;
Mais c'en est une encor d'un plus illustre rang,
Quand on donne au public les intérêts du sang[2].
Non, crois-moi, c'est assez que d'éteindre ta flamme :
Il sera trop puni s'il n'est plus dans ton âme.
Que le bien du pays t'impose cette loi :
Aussi bien[3] que crois-tu que t'accorde le Roi ?

CHIMÈNE

Il peut me refuser, mais je ne puis me taire.

L'INFANTE

Pense bien, ma Chimène, à ce que tu veux faire.
Adieu : tu pourras seule y penser à loisir.

CHIMÈNE

Après mon père mort[4], je n'ai point à choisir.

SCÈNE 3 – DON FERNAND, DON DIÈGUE, DON ARIAS, DON RODRIGUE, DON SANCHE

Chez le Roi.

DON FERNAND

Généreux héritier d'une illustre famille,
Qui fut toujours la gloire et l'appui de Castille,

1. **Tête** : métonymie* pour la personne.
2. **Quand on donne au public les intérêts du sang** : quand on sacrifie à l'intérêt public les intérêts personnels.
3. **Aussi bien** : d'ailleurs.
4. **Après mon père mort** : après la mort de mon père.

Race[1] de tant d'aïeux en valeur signalés[2],
Que l'essai de la tienne a sitôt égalés,
Pour te récompenser ma force est trop petite ;
Et j'ai moins de pouvoir que tu n'as de mérite.
Le pays délivré d'un si rude ennemi,
Mon sceptre[3] dans ma main par la tienne affermi,
Et les Mores défaits avant qu'en ces alarmes
J'eusse pu donner ordre à[4] repousser leurs armes,
Ne sont point des exploits qui laissent à ton roi
Le moyen ni l'espoir de s'acquitter vers[5] toi.
Mais deux rois tes captifs feront ta récompense :
Ils t'ont nommé tous deux leur Cid ➲ en ma présence.
Puisque Cid en leur langue est autant que seigneur,
Je ne t'envierai pas ce beau titre d'honneur.
Sois désormais le Cid : qu'à ce grand nom tout cède ;
Qu'il comble d'épouvante et Grenade et Tolède[6],
Et qu'il marque à tous ceux qui vivent sous mes lois
Et ce que tu me vaux[7], et ce que je te dois.

DON RODRIGUE

Que Votre Majesté, Sire, épargne ma honte[8].
D'un si faible service elle fait trop de conte[9],
Et me force à rougir devant un si grand roi

1. **Race** : descendant.
2. **En valeur signalés** : célèbres pour leur courage.
3. **Mon sceptre** : mon pouvoir royal.
4. **À** : pour.
5. **Vers** : envers.
6. **Grenade et Tolède** : villes contrôlées par les Mores, que les Castillans veulent reconquérir.
7. **Ce que tu me vaux** : ce que tu vaux pour moi.
8. **Honte** : modestie, pudeur.
9. **Elle fait trop de conte** : elle donne trop d'importance.

➲ **Cid vient de l'arabe *Sidi*, « seigneur ». Noter la différence entre « leur Cid » et « le Cid » (v. 1222-1225), le premier ne désignant que le seigneur des rois maures alors que le second confère au mot une tonalité honorifique plus universelle.**

De mériter si peu l'honneur que j'en reçoi[1].
Je sais trop que je dois au bien de votre empire[2]
Et le sang qui m'anime, et l'air que je respire ;
Et quand je les perdrai pour un si digne objet,
Je ferai seulement le devoir d'un sujet.

DON FERNAND

Tous ceux que ce devoir à mon service engage
Ne s'en acquittent pas avec même courage ;
Et lorsque la valeur ne va point dans l'excès[3],
Elle ne produit point de si rares succès.
Souffre donc qu'on te loue, et de cette victoire
Apprends-moi plus au long la véritable histoire.

DON RODRIGUE

Sire, vous avez su qu'en ce danger pressant,
Qui jeta dans la ville un effroi si puissant,
Une troupe d'amis chez mon père assemblée
Sollicita[4] mon âme encor toute troublée...
Mais, Sire, pardonnez à ma témérité,
Si j'osai l'employer sans votre autorité :
Le péril approchait ; leur brigade[5] était prête ;
Me montrant à la cour, je hasardais[6] ma tête.
Et s'il fallait la perdre, il m'était bien plus doux
De sortir de la vie en combattant pour vous.

DON FERNAND

J'excuse ta chaleur à venger ton offense ;
Et l'État défendu me parle en ta défense :

1. **Reçoi** : orthographe autorisée à l'époque.
2. **Empire** : royaume.
3. **Dans l'excès** : au-delà des limites ordinaires.
4. **Sollicita** : poussa à l'action.
5. **Brigade** : troupe.
6. **Hasardais** : risquais.

Crois que dorénavant Chimène a beau parler,
Je ne l'écoute plus que pour la consoler.
Mais poursuis.

DON RODRIGUE

Sous moi[1] donc cette troupe s'avance,
Et porte sur le front une mâle assurance.
Nous partîmes cinq cents ; mais par un prompt renfort
Nous nous vîmes trois mille en arrivant au port,
Tant, à nous voir marcher avec un tel visage,
Les plus épouvantés reprenaient de courage !
J'en cache les deux tiers, aussitôt qu'arrivés,
Dans le fond des vaisseaux qui lors[2] furent trouvés ;
Le reste, dont le nombre augmentait à toute heure,
Brûlant d'impatience, autour de moi demeure,
Se couche contre terre, et sans faire aucun bruit
Passe une bonne part d'une si belle nuit.
Par mon commandement la garde en fait de même,
Et se tenant cachée, aide à mon stratagème ;
Et je feins[3] hardiment d'avoir reçu de vous
L'ordre qu'on me voit suivre et que je donne à tous.
Cette obscure clarté qui tombe des étoiles
Enfin avec le flux[4] nous fait voir trente voiles ;
L'onde s'enfle dessous, et d'un commun effort
Les Mores et la mer montent jusques au port.
On les laisse passer ; tout leur paraît tranquille :
Point de soldats au port, point aux murs de la ville.
Notre profond silence abusant leurs esprits,

1. **Sous-moi** : sous mes ordres.
2. **Lors** : alors.
3. **Feins** : fais semblant.
4. **Le flux** : la marée montante.

Ils n'osent plus douter de nous avoir surpris ;
Ils abordent sans peur, ils ancrent, ils descendent,
Et courent se livrer aux mains qui les attendent.
Nous nous levons alors, et tous en même temps
Poussons jusques au ciel mille cris éclatants.
Les nôtres, à ces cris, de nos vaisseaux répondent ;
Ils paraissent armés, les Mores se confondent[1],
L'épouvante les prend à demi descendus ;
Avant que de combattre ils s'estiment perdus.
Ils couraient au pillage, et rencontrent la guerre ;
Nous les pressons[2] sur l'eau, nous les pressons sur terre,
Et nous faisons courir des ruisseaux de leur sang,
Avant qu'aucun résiste ou reprenne son rang.
Mais bientôt, malgré nous, leurs princes les rallient[3],
Leur courage renaît, et leurs terreurs s'oublient :
La honte de mourir sans avoir combattu
Arrête leur désordre, et leur rend leur vertu[4].
Contre nous de pied ferme ils tirent leurs alfanges[5] ;
De notre sang au leur font d'horribles mélanges.
Et la terre, et le fleuve, et leur flotte, et le port,
Sont des champs de carnage[6] où triomphe la mort.
Ô combien d'actions, combien d'exploits célèbres
Sont demeurés sans gloire au milieu des ténèbres,

---

1. **Se confondent** : se retrouvent dans la plus grande confusion.
2. **Pressons** : harcelons.
3. **Rallient** : rassemblent.
4. **Vertu** : courage.
5. **Alfanges** : sabres à lame courte, large et recourbée, aussi appelés cimeterres (voir v. 1323).
6. **Carnage** : massacre.

Où chacun, seul témoin des grands coups qu'il donnait,
Ne pouvait discerner où le sort inclinait[1] !
J'allais de tous côtés encourager les nôtres,
Faire avancer les uns et soutenir les autres,
Ranger ceux qui venaient, les pousser à leur tour,
Et ne l'[2]ai pu savoir jusques au point du jour.
Mais enfin sa clarté montre notre avantage ;
Le More voit sa perte, et perd soudain courage :
Et voyant un renfort qui nous vient secourir,
L'ardeur de vaincre cède à la peur de mourir.
Ils gagnent leurs vaisseaux, ils en coupent les câbles,
Poussent jusques aux cieux des cris épouvantables,
Font retraite en tumulte, et sans considérer[3]
Si leurs rois avec eux peuvent se retirer.
Pour souffrir ce devoir leur frayeur est trop forte :
Le flux les apporta, le reflux les remporte ;
Cependant que leurs rois, engagés parmi nous[4],
Et quelque peu des leurs, tous percés de nos coups,
Disputent vaillamment et vendent bien leur vie[5].
À se rendre moi-même en vain je les convie :
Le cimeterre[6] au poing, ils ne m'écoutent pas ;
Mais voyant à leurs pieds tomber tous leurs soldats,
Et que seuls désormais en vain ils se défendent,
Ils demandent le chef ; je me nomme, ils se rendent.

1. **Où le sort inclinait** : qui le destin désignerait vainqueur, qui remporterait la bataille.
2. **L'** : renvoie à « où le sort inclinait » (v. 1304).
3. **Considérer** : vérifier.
4. **Engagés parmi nous** : luttant au milieu de notre troupe.
5. **Vendent bien leur vie** : se défendent vaillamment avant de mourir.
6. **Cimeterre** : sabre (voir v. 1297, note 5).

Bataille entre Maures et Chrétiens dans l'Histoire des sept enfants de Lara. Gravure du XVIIe siècle.

▶ Comment la violence de la bataille est-elle suggérée dans cette gravure ?

Je vous les envoyai tous deux en même temps ;
Et le combat cessa faute de combattants.
C'est de cette façon que pour votre service...

SCÈNE 4 – DON FERNAND, DON DIÈGUE, DON RODRIGUE, DON ARIAS, DON ALONSE, DON SANCHE

DON ALONSE

Sire, Chimène vient vous demander justice.

DON FERNAND

La fâcheuse nouvelle, et l'importun[1] devoir !
Va, je ne la veux pas obliger à te voir.
Pour tous remerciements il faut que je te chasse :
Mais avant que[2] sortir, viens, que ton roi t'embrasse.

(Don Rodrigue rentre.)

DON DIÈGUE

Chimène le poursuit, et voudrait le sauver.
On m'a dit qu'elle l'aime, et je vais l'éprouver[3].
Montrez un œil plus triste.

1. **Importun** : mal venu, qui tombe au mauvais moment.
2. **Avant que** : avant de.
3. **L'éprouver** : la tester, la mettre à l'épreuve.

LECTURE ACTIVE 6

→ Voir aussi
étape 5, p. 148.

Acte IV, scène 3 • Le récit du combat contre les Maures

As-tu bien lu ?

1 Où et quand cette scène se déroule-t-elle ?
Qui écoute ce récit ?

2 Quelles sont les trois raisons pour lesquelles Rodrigue a décidé de prendre part à cette bataille ?

3 Qui sont les Mores (ou Maures) ? D'où arrivent-ils ?

4 Les Mores font de Rodrigue « leur Cid ». Que signifie ce mot ?
- ☐ général
- ☐ roi
- ☐ seigneur

5 Qu'obtient Rodrigue grâce à sa victoire ?
- ☐ un commandement dans l'armée
- ☐ le pardon pour le meurtre du comte

Atelier théâtre

Mimer un récit

▸ ***Objectif.*** Rendre vivant un récit théâtral.

▸ ***Préparation.*** Relisez les vers 1273 à 1292 par groupes de trois ou cinq élèves. Réfléchissez à la manière de mimer le combat. Rassemblez des accessoires, si vous le jugez nécessaire.

▸ ***Réalisation.*** L'un des élèves du groupe récite le texte pendant que les autres, répartis en deux groupes (les Espagnols et les Mores), miment sur l'estrade le combat raconté par Rodrigue. Attention : au théâtre, on joue, aucun vrai coup ne doit être échangé.

▸ ***Réfléchir ensemble.*** Ce dispositif rend-il le récit plus facile à comprendre ? Pourquoi ?

SCÈNE 5 – DON FERNAND, DON DIÈGUE, DON ARIAS, DON SANCHE, DON ALONSE, CHIMÈNE, ELVIRE

DON FERNAND

Enfin soyez contente,
Chimène, le succès[1] répond à votre attente :
Si de[2] nos ennemis Rodrigue a le dessus,
Il est mort à nos yeux[3] des coups qu'il a reçus ;
Rendez grâces au ciel qui vous en a vengée.
(À don Diègue.)
Voyez comme déjà sa couleur est changée.

DON DIÈGUE

Mais voyez qu'elle pâme[4], et d'un amour parfait,
Dans cette pâmoison, sire, admirez l'effet.
Sa douleur a trahi les secrets de son âme,
Et ne vous permet plus de douter de sa flamme.

CHIMÈNE

Quoi ! Rodrigue est donc mort ?

DON FERNAND

Non, non, il voit le jour[5],
Et te conserve encore un immuable[6] amour :
Calme cette douleur qui pour lui s'intéresse.

1. **Le succès** : résultat.
2. **De** : sur.
3. **À nos yeux** : sous nos yeux.
4. **Pâme** : s'évanouit ; **pâmoison** : évanouissement.
5. **Il voit le jour** : il est vivant.
6. **Immuable** : inchangé.

CHIMÈNE

Sire, on pâme de joie, ainsi que de tristesse :
Un excès de plaisirs nous rend tout languissants[1] ;
Et quand il surprend l'âme, il accable les sens.

DON FERNAND

Tu veux qu'en ta faveur nous croyions l'impossible ?
Chimène, ta douleur a paru trop visible.

CHIMÈNE

Eh bien ! sire, ajoutez ce comble à mon malheur,
Nommez ma pâmoison l'effet de ma douleur :
Un juste déplaisir à ce point m'a réduite.
Son trépas dérobait sa tête à ma poursuite ;
S'il meure des coups reçus pour le bien du pays,
Ma vengeance est perdue et mes desseins trahis :
Une si belle fin m'est trop injurieuse[2].
Je demande sa mort, mais non pas glorieuse,
Non pas dans un éclat qui l'élève si haut,
Non pas au lit d'honneur[3], mais sur un échafaud ;
Qu'il meure pour mon père, et non pour la patrie ;
Que son nom soit taché, sa mémoire flétrie.
Mourir pour le pays n'est pas un triste sort ;
C'est s'immortaliser par une belle mort.
J'aime donc sa victoire, et je le puis sans crime ;
Elle assure[4] l'État, et me rend ma victime,
Mais noble, mais fameuse entre tous les guerriers,
Le chef[5], au lieu de fleurs ➔, couronné de lauriers ;

1. **Languissants** : sans force.
2. **M'est trop injurieuse** : me cause trop de tort.
3. **Au lit d'honneur** : au champ d'honneur.
4. **Assure** : met en sûreté.
5. **Le chef** : la tête.

➔ **Dans l'Antiquité, la tête des victimes offertes en sacrifice était couronnée de fleurs.**

Et pour dire en un mot ce que j'en considère,
Digne d'être immolée aux mânes[1] de mon père...
Hélas ! à quel espoir me laissé-je emporter !
Rodrigue de ma part n'a rien à redouter :
Que pourraient contre lui des larmes qu'on méprise ?
Pour lui tout votre empire est un lieu de franchise[2] ;
Là, sous votre pouvoir, tout lui devient permis ;
Il triomphe de moi comme des ennemis,
Dans leur sang répandu la justice étouffée
Aux crimes du vainqueur sert d'un nouveau trophée ;
Nous en croissons la pompe[3], et le mépris des lois
Nous fait suivre son char au milieu de deux rois ➲.

DON FERNAND

Ma fille, ces transports ont trop de violence.
Quand on rend la justice on met tout en balance :
On a tué ton père, il était l'agresseur ;
Et la même équité[4] m'ordonne la douceur.
Avant que d'accuser ce que j'en[5] fais paraître,
Consulte bien ton cœur : Rodrigue en est le maître.
Et ta flamme en secret rend grâces à ton roi,
Dont la faveur conserve un tel amant pour toi.

1. **Aux mânes** : à l'âme.
2. **Franchise** : refuge où l'on est à l'abri de toute poursuite judiciaire.
3. **Nous en croissons la pompe** : nous accroissons l'éclat de son triomphe.
4. **La même équité** : l'équité même.
5. **En** : renvoie à « douceur ».

➲ **Dans l'Antiquité, les rois vaincus suivaient, enchaînés, le char du vainqueur pendant la cérémonie du triomphe ; Chimène veut dire qu'elle figure parmi ceux que Rodrigue a vaincus.**

CHIMÈNE

Pour moi ! mon ennemi ! l'objet de ma colère !
L'auteur de mes malheurs ! l'assassin de mon père !
De ma juste poursuite on fait si peu de cas
Qu'on me croit obliger[1] en ne m'écoutant pas !
Puisque vous refusez la justice à mes larmes,
Sire, permettez-moi de recourir aux armes[2] ;
C'est par là seulement qu'il a su m'outrager,
Et c'est aussi par là que je me dois venger.
À tous vos cavaliers je demande sa tête ;
Oui, qu'un d'eux me l'apporte, et je suis sa conquête ;
Qu'ils le combattent, Sire ; et le combat fini,
J'épouse le vainqueur, si Rodrigue est puni.
Sous votre autorité souffrez qu'on le publie[3].

DON FERNAND

Cette vieille coutume en ces lieux établie ➲,
Sous couleur de[4] punir un injuste attentat,
Des meilleurs combattants affaiblit un État ;
Souvent de cet abus le succès déplorable
Opprime l'innocent et soutient le coupable.
J'en dispense Rodrigue ; il m'est trop précieux
Pour l'exposer aux coups d'un sort capricieux ;
Et quoi qu'ait pu commettre un cœur si magnanime
Les Mores en fuyant ont emporté son crime.

1. **Qu'on me croit obliger :** qu'on croit me faire plaisir.
2. **Aux armes :** au duel.
3. **Publie :** annonce publiquement.
4. **Sous couleur de :** sous prétexte de.

➲ **Don Fernand, roi médiéval, ne peut refuser le duel judiciaire ; il exprime néanmoins son désaccord. On retrouve ici l'écho des préoccupations de Louis XIII et Richelieu qui ont interdit la pratique du duel qui décimait les rangs de la noblesse et était un signe de la résistance des nobles au pouvoir royal.** **Voir L'Enquête, p. 172.**

DON DIÈGUE

Quoi ! Sire, pour lui seul vous renversez des lois
Qu'a vu toute la cour observer tant de fois !
Que croira votre peuple, et que dira l'envie[1],
Si sous votre défense[2] il ménage sa vie,
Et s'en[3] fait un prétexte à ne paraître pas
Où tous les gens d'honneur cherchent un beau trépas ?
De pareilles faveurs terniraient trop sa gloire :
Qu'il goûte sans rougir les fruits de sa victoire.
Le Comte eut de l'audace, il l'en a su punir :
Il l'a fait en brave homme[4], et le doit maintenir[5].

DON FERNAND

Puisque vous le voulez, j'accorde qu'il le fasse ;
Mais d'un guerrier vaincu mille prendraient la place,
Et le prix que Chimène au vainqueur a promis
De tous mes cavaliers feraient ses ennemis :
L'opposer seul à tous serait trop d'injustice ;
Il suffit qu'une fois il entre dans la lice[6].
Choisis qui tu voudras, Chimène, et choisis bien ;
Mais après ce combat ne demande plus rien.

DON DIÈGUE

N'excusez point par là ceux que son bras étonne[7] ;
Laissez un champ ouvert où n'entrera personne.
Après ce que Rodrigue a fait voir aujourd'hui,

1. **L'envie** : les jaloux.
2. **Sous votre défense** : parce que vous le lui défendez.
3. **En** : renvoie à « votre défense ».
4. **En brave homme** : en homme courageux.
5. **Le doit maintenir** : doit le rester.
6. **Lice** : champ clos où les chevaliers s'affrontaient dans les duels judiciaires (voir L'Enquête, p. 166).
7. **Étonne** : fait trembler d'effroi.

Quel courage assez vain[1] s'oserait prendre à lui ?
Qui se hasarderait contre un tel adversaire ?
Qui serait ce vaillant, ou bien ce téméraire ?

DON SANCHE

Faites ouvrir le champ : vous voyez l'assaillant ;
Je suis ce téméraire, ou plutôt ce vaillant.
Accordez cette grâce à l'ardeur qui me presse.
Madame, vous savez quelle est votre promesse.

DON FERNAND

Chimène, remets-tu ta querelle[2] en sa main ?

CHIMÈNE

Sire, je l'ai promis.

DON FERNAND

Soyez prêt à[3] demain.

DON DIÈGUE

Non, Sire, il ne faut pas différer davantage :
On est toujours trop[4] prêt quand on a du courage.

DON FERNAND

Sortir d'une bataille, et combattre à l'instant !

DON DIÈGUE

Rodrigue a pris haleine en vous la racontant.

DON FERNAND

Du moins une heure ou deux je veux qu'il se délasse ;
Mais de peur qu'en exemple un tel combat ne passe[5],

1. **Vain** : prétentieux.
2. **Ta querelle** : ta cause.
3. **À** : pour.
4. **Trop** : complètement.
5. **En exemple [...] ne passe** : qu'un tel combat ne serve d'exemple.

Pour témoigner à tous qu'à regret je promets
Un sanglant procédé qui ne me plut jamais,
De moi ni de ma cour il n'aura la présence.
(Il parle à Don Arias.)
Vous seul des combattants jugerez la vaillance.
Ayez soin que tous deux fassent[1] en gens de cœur,
Et, le combat fini, m'amenez le vainqueur.
Qui qu'il soit, même prix est acquis à sa peine ;
Je le veux de ma main présenter à Chimène,
Et que pour récompense il reçoive sa foi[2].

CHIMÈNE

Quoi ! Sire, m'imposer une si dure loi !

DON FERNAND

Tu t'en plains ; mais ton feu, loin d'avouer[3] ta plainte,
Si Rodrigue est vainqueur, l'accepte sans contrainte.
Cesse de murmurer[4] contre un arrêt si doux :
Qui que ce soit des deux, j'en ferai ton époux.

1. **Fassent** : agissent.
2. **Foi** : promesse de mariage.
3. **Avouer** : approuver.
4. **Murmurer** : protester.

Acte V

SCÈNE 1 – DON RODRIGUE, CHIMÈNE

Chez Chimène.

CHIMÈNE

Quoi ! Rodrigue, en plein jour ! d'où te vient cette audace ?
Va, tu me perds d'honneur[1] ; retire-toi, de grâce.

DON RODRIGUE

Je vais mourir, Madame, et vous viens en ce lieu,
Avant le coup mortel, dire un dernier adieu :
Cet immuable amour qui sous vos lois m'engage
N'ose accepter ma mort sans vous en faire hommage[2].

CHIMÈNE

Tu vas mourir !

DON RODRIGUE

Je cours à ces heureux moments
Qui vont livrer ma vie à vos ressentiments.

CHIMÈNE

Tu vas mourir ! Don Sanche est-il si redoutable
Qu'il donne l'épouvante à ce cœur indomptable ?
Qui t'a rendu si faible ? ou qui le rend si fort ?
Rodrigue va combattre, et se croit déjà mort !
Celui qui n'a pas craint les Mores, ni mon père,
Va combattre don Sanche, et déjà désespère !
Ainsi donc au besoin[3] ton courage s'abat ?

1. **Tu me perds d'honneur** : tu me déshonores.
2. **Sans vous en faire hommage** : sans vous l'offrir.
3. **Au besoin** : dans le besoin.

DON RODRIGUE

Je cours à mon supplice, et non pas au combat ;
Et ma fidèle ardeur sait bien m'ôter l'envie,
Quand vous cherchez ma mort, de défendre ma vie.
J'ai toujours même cœur* ; mais je n'ai point de bras
Quand il faut conserver ce qui ne vous plaît pas ;
Et déjà cette nuit m'aurait été mortelle,
Si j'eusse combattu pour ma seule querelle[1] ;
Mais défendant mon roi, mon peuple et mon pays,
À me défendre mal je les aurais trahis.
Mon esprit généreux* ne hait pas tant la vie,
Qu'il en veuille sortir par une perfidie[2].
Maintenant qu'il s'agit de mon seul intérêt,
Vous demandez ma mort, j'en accepte l'arrêt.
Votre ressentiment choisit la main d'un autre
(Je ne méritais pas de mourir de la vôtre) :
On ne me verra point en repousser les coups ;
Je dois plus de respect à qui combat pour vous,
Et ravi de penser que c'est de vous qu'ils viennent,
Puisque c'est votre honneur que ses armes soutiennent,
Je vais lui présenter mon estomac ouvert[3],
Adorant en sa main la vôtre qui me perd.

CHIMÈNE

Si d'un triste devoir la juste violence,
Qui me fait malgré moi poursuivre ta vaillance,
Prescrit à ton amour une si forte loi,

1. **Querelle** : cause.
2. **Perfidie** : trahison.
3. **Mon estomac ouvert** : ma poitrine découverte.

Qu'il te rend sans défense à qui[1] combat pour moi,
En cet aveuglement ne perds pas la mémoire
Qu'ainsi que de ta vie il y va de ta gloire,
Et que, dans quelque éclat que Rodrigue ait vécu,
Quand on le saura mort, on le croira vaincu.
Ton honneur t'est plus cher que je ne te suis chère,
Puisqu'il trempe tes mains dans le sang de mon père,
Et te fait renoncer, malgré ta passion,
À l'espoir le plus doux de ma possession :
Je t'en vois cependant faire si peu de conte[2],
Que sans rendre combat tu veux qu'on te surmonte[3].
Quelle inégalité ravale ta vertu[4] ?
Pourquoi ne l'as-tu plus ? ou pourquoi l'avais-tu ?
Quoi ! n'es-tu généreux que pour me faire outrage ?
S'il ne faut m'offenser, n'as-tu point de courage ?
Et traites-tu mon père avec tant de rigueur,
Qu'après l'avoir vaincu tu souffres un vainqueur ?
Va, sans vouloir mourir, laisse-moi te poursuivre,
Et défends ton honneur, si tu veux ne plus vivre.

DON RODRIGUE

Après la mort du Comte, et les Mores défaits[5],
Faudrait-il à ma gloire encore d'autres effets[6] ?
Elle peut dédaigner le soin de me défendre :
On sait que mon courage ose tout entreprendre,

---

1. **À qui** : devant celui qui.
2. **Conte** : compte.
3. **Sans rendre [...] surmonte** : sans te défendre, tu veux qu'on l'emporte sur toi.
4. **Quelle inégalité ravale ta vertu ?** Quel caprice affaiblit ton courage ?
5. **Les Mores défaits** : la défaite des Mores.
6. **Effets** : preuves, actions d'éclat.

Que ma valeur peut tout, et que dessous les cieux,
Auprès de mon honneur, rien ne m'est précieux.
Non, non, en ce combat, quoi que vous veuilliez croire,
Rodrigue peut mourir sans hasarder[1] sa gloire,
Sans qu'on l'ose accuser d'avoir manqué de cœur,
Sans passer pour vaincu, sans souffrir un vainqueur.
On dira seulement : « Il adorait Chimène ;
Il n'a pas voulu vivre et mériter sa haine ;
Il a cédé lui-même à la rigueur du sort
Qui forçait sa maîtresse à poursuivre sa mort :
Elle voulait sa tête ; et son cœur magnanime,
S'il l'en eût refusée[2], eût pensé faire un crime.
Pour venger son honneur il perdit son amour,
Pour venger sa maîtresse[3] il a quitté le jour,
Préférant, quelque espoir qu'eût son âme asservie[4],
Son honneur à Chimène, et Chimène à sa vie. »
Ainsi donc vous verrez ma mort en ce combat,
Loin d'obscurcir ma gloire, en rehausser l'éclat ;
Et cet honneur suivra mon trépas volontaire,
Que tout autre que moi n'eût pu vous satisfaire[5].

1. **Hasarder** : mettre en danger.
2. **S'il l'en eût refusée** : s'il la (sa tête) lui avait refusée.
3. **Pour venger sa maîtresse** : pour que sa maîtresse puisse se venger.
4. **Asservie** : esclave de son amour.
5. **N'eût pu vous satisfaire** : n'eût pu vous offrir pour vous satisfaire.

Le Cid, mise en scène de Jean Vilar avec Gérard Philipe et Maria Casarès dans les rôles de Rodrigue et Chimène. Festival d'Avignon, 1958.

▶ Observe le jeu des regards dans cette photographie de la mise en scène de Jean Vilar. Que traduit-il ?

CHIMÈNE

Puisque, pour t'empêcher de courir au trépas,
Ta vie et ton honneur sont de faibles appas,
Si jamais je t'aimai, cher Rodrigue, en revanche[1],
Défends-toi maintenant pour m'ôter à don Sanche ;
Combats pour m'affranchir d'une condition
Qui me donne à l'objet de mon aversion[2].
Te dirai-je encor plus ? Va, songe à ta défense,
Pour forcer[3] mon devoir, pour m'imposer silence ;
Et si tu sens pour moi ton cœur encore épris,
Sors vainqueur d'un combat dont Chimène est le prix.
Adieu : ce mot lâché me fait rougir de honte.

DON RODRIGUE, *seul.*

Est-il quelque ennemi qu'à présent je ne dompte ?
Paraissez, Navarrais, Mores et Castillans,
Et tout ce que l'Espagne a nourri de vaillants ;
Unissez-vous ensemble, et faites une armée,
Pour combattre une main de la sorte animée :
Joignez tous vos efforts contre un espoir si doux ;
Pour en venir à bout, c'est trop peu que de vous[4].

1. **Si [...] en revanche** : puisque je t'aimai, en retour.
2. **L'objet de mon aversion** : don Sanche.
3. **Forcer** : triompher de.
4. **C'est trop peu que de vous** : vous n'êtes pas assez nombreux.

LECTURE ACTIVE 7

→ Voir aussi étape 6, p. 150.

Acte V, scène 1 • Rodrigue et Chimène, un nouveau duo

As-tu bien lu ?

1 Quelle décision Rodrigue vient-il annoncer à Chimène ?

☐ Il refuse le duel avec don Sanche.
☐ Il va se laisser tuer par don Sanche au cours du duel.
☐ Il va s'enfuir pour éviter la justice du roi.

2 Pourquoi Rodrigue souhaite-t-il être battu en duel ?

☐ parce qu'il ne veut pas retourner faire la guerre
☐ parce qu'il pense que Chimène devrait épouser don Sanche
☐ parce que sans l'amour de Chimène, il ne veut pas vivre

3 Quelle position Chimène prend-elle ?

☐ Elle affirme que Rodrigue manquerait à l'honneur s'il se laissait tuer.
☐ Pour ne pas avoir à épouser don Sanche, elle demande à Rodrigue de le vaincre.
☐ Elle accepte la proposition de Rodrigue et annonce qu'elle se suicidera après sa mort.

Atelier théâtre

Mettre en espace

▸ ***Objectif.*** Organiser l'espace et le déplacement des acteurs.

▸ ***Préparation.*** Par groupes de quatre, faites des propositions sur la place des acteurs au début de la scène, leurs déplacements et les autres moyens mis en œuvre pour restituer le texte.

▸ ***Réalisation.*** Chaque groupe organise l'espace scénique à son idée et explique à la classe comment la scène va se dérouler.

▸ ***Réfléchir ensemble.*** Quelles sont les difficultés rencontrées ? Certains mouvements éclairent-ils le sens du texte ? Comment ?

SCÈNE 2 – L'INFANTE

Chez l'Infante.

L'INFANTE

T'écouterai-je encor, respect de ma naissance,
Qui fais un crime de mes feux ?
T'écouterai-je, amour, dont la douce puissance
Contre ce fier tyran[1] fait révolter mes vœux[2] ?
Pauvre princesse, auquel des deux[3]
Dois-tu prêter obéissance ?
Rodrigue, ta valeur te rend digne de moi ;
Mais, pour[4] être vaillant, tu n'es pas fils de roi.

Impitoyable sort, dont la rigueur sépare
Ma gloire d'avec mes désirs !
Est-il dit[5] que le choix d'une vertu si rare
Coûte à ma passion de si grands déplaisirs ?
Ô cieux ! à combien de soupirs
Faut-il que mon cœur se prépare,
Si jamais il n'obtient sur[6] un si long tourment
Ni d'éteindre l'amour, ni d'accepter l'amant ?

Mais c'est trop de scrupule, et ma raison s'étonne
Du mépris d'un si digne choix[7] :
Bien qu'aux monarques seuls ma naissance me donne,

1. **Fier tyran** : renvoie à « respect de ma naissance ».
2. **Fait révolter mes vœux** : fait se révolter ma volonté.
3. **Auquel des deux** : au respect de la naissance ou à l'amour.
4. **Pour** : bien que (sens courant au XVIIe siècle).
5. **Est-il dit** : est-il nécessaire, faut-il vraiment.
6. **Sur** : en triomphant de.
7. **Du mépris d'un si digne choix** : de me voir mépriser un si digne choix.

Rodrigue, avec honneur je vivrai sous tes lois.
Après avoir vaincu deux rois,
Pourrais-tu manquer de couronne ?
Et ce grand nom de Cid que tu viens de gagner
Ne fait-il pas trop voir sur qui tu dois régner ?

Il est digne de moi, mais il est à Chimène ;
Le don que j'en ai fait me nuit.
Entre eux la mort d'un père a si peu mis de haine,
Que le devoir du sang[1] à regret le poursuit :
Ainsi n'espérons aucun fruit
De son crime, ni de ma peine,
Puisque pour me punir le destin a permis
Que l'amour dure même entre deux ennemis.

SCÈNE 3 – L'INFANTE, LÉONOR

L'INFANTE

Où viens-tu, Léonor ?

LÉONOR

Vous applaudir, madame,
Sur le repos qu'enfin a retrouvé votre âme.

L'INFANTE

D'où viendrait ce repos dans un comble d'ennui ?

LÉONOR

Si l'amour vit d'espoir, et s'il meurt avec lui,
Rodrigue ne peut plus charmer votre courage[2].
Vous savez le combat où Chimène l'engage ;

1. **Le devoir du sang** : l'obligation pour Chimène de venger son père.
2. **Charmer votre courage** : séduire votre cœur.

Puisqu'il faut qu'il y meure, ou qu'il soit son mari,
Votre espérance est morte, et votre esprit guéri.

L'INFANTE

Ah ! qu'il s'en faut encor[1] !

LÉONOR

Que pouvez-vous prétendre[2] ?

L'INFANTE

Mais plutôt quel espoir me pourrais-tu défendre ?
Si Rodrigue combat sous ces conditions,
Pour en rompre l'effet j'ai trop d'inventions.
L'amour, ce doux auteur de mes cruels supplices,
Aux esprits des amants apprend trop d'artifices[3].

LÉONOR

Pourrez-vous quelque chose, après qu'un père mort
N'a pu dans leurs esprits allumer de discord[4] ?
Car Chimène aisément montre, par sa conduite,
Que la haine aujourd'hui ne fait pas sa poursuite.
Elle obtient un combat, et pour son combattant
C'est le premier offert[5] qu'elle accepte à l'instant[6] :
Elle n'a point recours à ces mains généreuses
Que tant d'exploits fameux rendent si glorieuses ;
Don Sanche lui suffit, et mérite son choix
Parce qu'il va s'armer pour la première fois ;
Elle aime en ce duel son peu d'expérience ;

1. **Qu'il s'en faut encor** : comme j'en suis loin encore !
2. **Prétendre** : espérer.
3. **Artifices** : ruses.
4. **Discord** : discorde.
5. **Offert** : qui se propose.
6. **À l'instant** : immédiatement.

Comme il est sans renom, elle est sans défiance ;
Et sa facilité[1] vous doit bien faire voir
Qu'elle cherche un combat qui force son devoir,
Qui livre à son Rodrigue une victoire aisée,
Et l'autorise enfin à paraître apaisée.

L'INFANTE

Je le remarque assez, et toutefois mon cœur
À l'envi de[2] Chimène adore ce vainqueur.
À quoi me résoudrai-je, amante infortunée ?

LÉONOR

À vous mieux souvenir de qui vous êtes née ;
Le ciel vous doit un roi, vous aimez un sujet !

L'INFANTE

Mon inclination a bien changé d'objet.
Je n'aime plus Rodrigue, un simple gentilhomme ;
Non, ce n'est plus ainsi que mon amour le nomme ;
Si j'aime, c'est l'auteur de tant de beaux exploits,
C'est le valeureux Cid, le maître de deux rois.
Je me vaincrai pourtant, non de peur d'aucun blâme,
Mais pour ne troubler pas une si belle flamme ;
Et quand pour m'obliger[3] on l'aurait couronné,
Je ne veux point reprendre un bien que j'ai donné.
Puisqu'en un tel combat sa victoire est certaine,
Allons encore un coup le donner à Chimène.
Et toi, qui vois les traits[4] dont mon cœur est percé,
Viens me voir achever comme j'ai commencé.

1. **Facilité** : la rapidité de son choix.
2. **À l'envi de** : comme.
3. **M'obliger** : m'être agréable.
4. **Traits** : flèches de l'amour.

SCÈNE 4 – CHIMÈNE, ELVIRE

Chez Chimène.

CHIMÈNE

Elvire, que je souffre ! et que je suis à plaindre !
Je ne sais qu'espérer ; et je vois tout à craindre ;
Aucun vœu ne m'échappe où[1] j'ose consentir ;
Je ne souhaite rien sans un prompt repentir.
À deux rivaux pour moi je fais prendre les armes :
Le plus heureux succès me coûtera des larmes ;
Et quoi qu'en ma faveur en ordonne le sort,
Mon père est sans vengeance, ou mon amant est mort.

ELVIRE

D'un et d'autre côté, je vous vois soulagée :
Ou vous avez Rodrigue, ou vous êtes vengée ;
Et quoi que le destin puisse ordonner de vous,
Il soutient votre gloire[2], et vous donne un époux.

CHIMÈNE

Quoi ! l'objet de ma haine ou de tant de colère !
L'assassin de Rodrigue, ou celui de mon père !
De tous les deux côtés on me donne un mari
Encor tout teint du sang que j'ai le plus chéri ;
De tous les deux côtés mon âme se rebelle :
Je crains plus que la mort la fin de ma querelle.
Allez, vengeance, amour, qui troublez mes esprits,
Vous n'avez point pour moi de douceurs à ce prix ;

1. **Où** : auquel.
2. **Gloire** : réputation.

Et toi, puissant moteur[1] du destin qui m'outrage,
Termine ce combat sans aucun avantage[2],
Sans faire aucun des deux ni vaincu ni vainqueur.

ELVIRE

Ce serait vous traiter avec trop de rigueur.
Ce combat pour votre âme est un nouveau supplice,
S'il vous laisse obligée à demander justice,
À témoigner toujours ce haut ressentiment,
Et poursuivre toujours la mort de votre amant.
Madame, il vaut bien mieux que sa rare vaillance,
Lui couronnant le front, vous impose silence ;
Que la loi du combat étouffe vos soupirs,
Et que le roi vous force à suivre vos désirs.

CHIMÈNE

Quand il sera vainqueur, crois-tu que je me rende ?
Mon devoir est trop fort, et ma perte[3] est trop grande ;
Et ce n'est pas assez, pour leur[4] faire la loi,
Que celle du combat et le vouloir du Roi.
Il peut vaincre don Sanche avec fort peu de peine,
Mais non pas avec lui la gloire de Chimène ;
Et quoi qu'à sa victoire un monarque ait promis,
Mon honneur lui fera mille autres ennemis.

ELVIRE

Gardez[5], pour vous punir de cet orgueil étrange[6],
Que le ciel à la fin ne souffre qu'on vous venge.

---

1. **Puissant moteur** : périphrase pour désigner Dieu.
2. **Sans aucun avantage** : sans donner l'avantage ni à l'un ni à l'autre.
3. **Ma perte** : la perte de mon père.
4. **Leur** : renvoie à « devoir » et « perte ».
5. **Gardez** : prenez garde que.
6. **Étrange** : extravagant.

Quoi ! vous voulez encor refuser le bonheur
De pouvoir maintenant vous taire avec honneur ?
Que prétend ce devoir, et qu'est-ce qu'il espère ?
La mort de votre amant vous rendra-t-elle un père ?
Est-ce trop peu pour vous que d'un coup[1] de malheur ?
Faut-il perte sur perte, et douleur sur douleur ?
Allez, dans le caprice[2] où votre humeur s'obstine,
Vous ne méritez pas l'amant qu'on vous destine ;
Et nous verrons du ciel l'équitable courroux[3]
Vous laisser, par sa mort, don Sanche pour époux.

CHIMÈNE

Elvire, c'est assez des peines que j'endure,
Ne les redouble point de ce funeste augure[4].
Je veux, si je le puis, les éviter tous deux ;
Sinon, en ce combat Rodrigue a tous mes vœux :
Non qu'une folle ardeur de son côté me penche[5] ;
Mais s'il était vaincu, je serais à don Sanche.
Cette appréhension fait naître mon souhait...
Que vois-je, malheureuse ? Elvire, c'est en fait.

1. **Que d'un coup** : qu'un coup.
2. **Caprice** : idée déraisonnable.
3. **Équitable courroux** : juste colère.
4. **Funeste augure** : prédiction malheureuse.
5. **Me penche** : me fasse pencher.

Sofia Loren dans *Le Cid* d'Anthony Mann, film de 1961.

- Quels éléments permettent de montrer que l'intrigue se déroule au XIe siècle ?
- À quoi voit-on, dans cette scène du film, le désarroi de Chimène ?

SCÈNE 5 – DON SANCHE, CHIMÈNE, ELVIRE

DON SANCHE

Obligé d'apporter à vos pieds cette épée...

CHIMÈNE

Quoi ! du sang de Rodrigue encor toute trempée ?
Perfide, oses-tu bien te montrer à mes yeux,
Après m'avoir ôté ce que j'aimais le mieux ?
Éclate[1], mon amour, tu n'as plus rien à craindre :
Mon père est satisfait, cesse de te contraindre ;
Un même coup a mis ma gloire en sûreté,
Mon âme au désespoir, ma flamme[2] en liberté.

DON SANCHE

D'un esprit plus rassis[3]...

CHIMÈNE

Tu me parles encore,
Exécrable assassin d'un héros que j'adore !
Va, tu l'as pris en traître ; un guerrier si vaillant
N'eût jamais succombé sous un tel assaillant.
N'espère rien de moi, tu ne m'as point servie !
En croyant me venger, tu m'as ôté la vie.

DON SANCHE

Étrange impression[4], qui[5], loin de m'écouter...

CHIMÈNE

Veux-tu que de sa mort je t'écoute vanter[6],

---

1. **Éclate** : révèle-toi au grand jour.
2. **Ma flamme** : mon amour.
3. **Rassis** : calme.
4. **Impression** : réaction.
5. **Qui** : qui fait que.
6. **Vanter** : te vanter.

Que j'entende à loisir avec quelle insolence
Tu peindras son malheur, mon crime et ta vaillance ?

SCÈNE 6 – DON FERNAND, DON DIÈGUE, DON ARIAS, DON SANCHE, DON ALONSE, CHIMÈNE, ELVIRE

Chez le Roi.

CHIMÈNE

Sire, il n'est plus besoin de vous dissimuler
Ce que tous mes efforts ne vous ont pu celer[1].
J'aimais, vous l'avez su ; mais, pour venger mon père,
J'ai bien voulu proscrire[2] une tête si chère :
Votre Majesté, Sire, elle-même a pu voir
Comme[3] j'ai fait céder mon amour au devoir.
Enfin Rodrigue est mort, et sa mort m'a changée
D'implacable ennemie en amante affligée.
J'ai dû cette vengeance à qui m'a mise au jour,
Et je dois maintenant ces pleurs à mon amour.
Don Sanche m'a perdue en prenant ma défense,
Et du bras qui me perd je suis la récompense !
Sire, si la pitié peut émouvoir un roi,
De grâce, révoquez une si dure loi ;
Pour prix d'une victoire où je perds ce que j'aime,
Je lui laisse mon bien ; qu'il me laisse à moi-même ;
Qu'en un cloître sacré je pleure incessamment[4],
Jusqu'au dernier soupir, mon père et mon amant.

1. **Celer** : cacher.
2. **Proscrire** : mettre à prix.
3. **Comme** : comment.
4. **Incessamment** : sans cesse.

DON DIÈGUE

Enfin elle aime, Sire, et ne croit plus un crime
D'avouer par sa bouche un amour légitime.

DON FERNAND

Chimène, sors d'erreur, ton amant n'est pas mort,
Et don Sanche vaincu t'a fait un faux rapport.

DON SANCHE

Sire, un peu trop d'ardeur malgré moi l'a déçue[1] :
Je venais du combat lui raconter l'issue.
Ce généreux guerrier, dont son cœur est charmé :
« Ne crains rien, m'a-t-il dit, quand il m'a désarmé :
Je laisserais plutôt la victoire incertaine,
Que de répandre un sang hasardé pour Chimène ;
Mais puisque mon devoir m'appelle auprès du Roi,
Va de notre combat l'entretenir pour moi,
De la part du vainqueur lui porter ton épée. »
Sire, j'y suis venu : cet objet l'a trompée ;
Elle m'a cru vainqueur, me voyant de retour,
Et soudain sa colère a trahi son amour
Avec tant de transport et tant d'impatience,
Que je n'ai pu gagner un moment d'audience[2].
Pour moi, bien que vaincu, je me répute[3] heureux ;
Et malgré l'intérêt de mon cœur amoureux,
Perdant infiniment j'aime encor ma défaite,
Qui fait le beau succès d'une amour[4] si parfaite.

1. **L'a déçue** : l'a induite en erreur.
2. **D'audience** : d'attention.
3. **Je me répute** : je me considère comme.
4. **Une amour** : au XVIIe siècle, le mot était aussi bien féminin que masculin.

DON FERNAND

Ma fille, il ne faut point rougir d'un si beau feu,
Ni chercher les moyens d'en faire un désaveu[1] ;
Une louable honte en vain t'en sollicite[2] ;
Ta gloire est dégagée[3], et ton devoir est quitte ;
Ton père est satisfait, et c'était le venger
Que mettre tant de fois ton Rodrigue en danger.
Tu vois comme le ciel autrement en dispose.
Ayant tant fait pour lui, fais pour toi quelque chose,
Et ne sois point rebelle à mon commandement,
Qui te donne un époux aimé si chèrement.

SCÈNE 7 – DON FERNAND, DON DIÈGUE, DON ARIAS, DON RODRIGUE, DON ALONSE, DON SANCHE, L'INFANTE, CHIMÈNE, LÉONOR, ELVIRE

L'INFANTE

Sèche tes pleurs, Chimène, et reçois sans tristesse
Ce généreux vainqueur des mains de ta princesse.

DON RODRIGUE

Ne vous offensez point, Sire, si devant vous
Un respect amoureux me jette à ses genoux.
Je ne viens point ici demander ma conquête :

1. **D'en faire un désaveu** : de le nier.
2. **En vain t'en sollicite** : t'y pousse inutilement.
3. **Dégagée** : n'est plus en jeu.

Je viens tout de nouveau vous apporter ma tête,
Madame ; mon amour n'emploiera point pour moi
Ni la loi du combat, ni le vouloir du Roi.
Si tout ce qui s'est fait est trop peu pour un père,
Dites par quels moyens il vous faut satisfaire.
Faut-il combattre encor mille et mille rivaux,
Aux deux bouts de la terre étendre mes travaux[1],
Forcer[2] moi seul un camp, mettre en fuite une armée,
Des héros fabuleux[3] passer[4] la renommée ?
Si mon crime par là se peut enfin laver,
J'ose tout entreprendre, et puis tout achever :
Mais si ce fier honneur, toujours inexorable[5],
Ne se peut apaiser sans la mort du coupable,
N'armez plus contre moi le pouvoir des humains :
Ma tête est à vos pieds, vengez-vous par vos mains ;
Vos mains seules ont droit de vaincre un invincible ;
Prenez une vengeance à tout autre impossible ;
Mais du moins que ma mort suffise à me punir.
Ne me bannissez point de votre souvenir ;
Et, puisque mon trépas conserve votre gloire[6],
Pour vous en revancher[7] conservez ma mémoire,
Et dites quelquefois, en déplorant mon sort :
« S'il ne m'avait aimée, il ne serait pas mort. »

---

1. **Travaux** : entreprises héroïques.
2. **Forcer** : m'emparer.
3. **Fabuleux** : de la fable, de la mythologie (Hercule, Achille...).
4. **Passer** : dépasser.
5. **Inexorable** : inflexible, intraitable.
6. **Conserve votre gloire** : préserve votre réputation.
7. **Pour vous en revancher** : en contrepartie, en échange.

CHIMÈNE

Relève-toi, Rodrigue. Il faut l'avouer, Sire,
Je vous en ai trop dit pour m'en vouloir dédire.
Rodrigue a des vertus que je ne puis haïr :
Et quand un roi commande, on lui doit obéir.
Mais, à quoi que déjà vous m'ayez condamnée,
Pourrez-vous à vos yeux souffrir cet hyménée[1] ?
Et quand de mon devoir vous voulez cet effort,
Toute votre justice en est-elle d'accord ?
Si Rodrigue à l'État devient si nécessaire,
De ce qu'il fait pour vous dois-je être le salaire,
Et me livrer moi-même au reproche éternel
D'avoir trempé mes mains dans le sang paternel ?

DON FERNAND

Le temps assez souvent a rendu légitime
Ce qui semblait d'abord ne se pouvoir sans crime :
Rodrigue t'a gagnée, et tu dois être à lui.
Mais, quoique sa valeur t'ait conquise aujourd'hui,
Il faudrait que je fusse ennemi de ta gloire
Pour lui donner sitôt le prix de sa victoire.
Cet hymen différé ne rompt point une loi
Qui, sans marquer de temps, lui destine ta foi[2].
Prends un an, si tu veux, pour essuyer tes larmes.
Rodrigue, cependant[3] il faut prendre les armes.
Après avoir vaincu les Mores sur nos bords,
Renversé leurs desseins, repoussé leurs efforts,
Va jusqu'en leur pays leur reporter la guerre,

1. **Hyménée** : mariage.
2. **Lui destine ta foi** : te donne à lui en mariage.
3. **Cependant** : pendant ce temps.

Commander mon armée et ravager leur terre.
À ce nom seul de Cid ils trembleront d'effroi ;
Ils t'ont nommé seigneur, et te voudront pour roi.
Mais parmi tes hauts faits sois-lui[1] toujours fidèle ;
Reviens-en, s'il se peut, encor plus digne d'elle ;
Et par tes grands exploits fais-toi si bien priser[2],
Qu'il lui soit glorieux alors de t'épouser.

DON RODRIGUE

Pour posséder Chimène, et pour votre service,
Que peut-on m'ordonner que mon bras n'accomplisse ?
Quoi qu'absent de ses yeux[3] il me faille endurer,
Sire, ce m'est trop d'heur[4] de pouvoir espérer.

DON FERNAND

Espère en ton courage, espère en ma promesse ;
Et possédant déjà le cœur de ta maîtresse,
Pour vaincre un point d'honneur qui combat contre toi,
Laisse faire le temps, ta vaillance et ton roi.

1. **Lui** : Chimène.
2. **Si bien priser** : tant estimer.
3. **Absent de ses yeux** : loin de ses yeux.
4. **Heur** : bonheur.

LECTURE ACTIVE 8

→ Voir aussi
étape 6, p. 150.

Acte V, scènes 5 à 7 • Le dénouement

As-tu bien lu ?

1 Un objet est apporté à Chimène. Lequel ?
- ☐ l'épée de don Sanche teintée du sang de Rodrigue
- ☐ l'épée de Rodrigue vaincu
- ☐ l'épée de Rodrigue vainqueur
- ☐ l'épée de don Sanche vaincu

2 À la fin de la pièce, que décide l'Infante ?
- ☐ Elle choisit d'épouser Rodrigue en dépit de ses devoirs de princesse.
- ☐ Elle renonce définitivement à Rodrigue au profit de Chimène.

3 Quelle est la décision finale du roi ?
- ☐ Il fait accompagner Chimène au couvent.
- ☐ Il ordonne à Rodrigue de combattre les Mores.
- ☐ Il fixe la date du mariage de Rodrigue et Chimène.

Atelier théâtre

Arrêts sur image

▸ ***Objectif.*** Représenter, par une image fixe et muette, un moment précis de la scène finale.

▸ ***Préparation.*** Constituez des groupes de sept. Chaque groupe choisit un moment précis de la scène 7, répartit les rôles et construit deux images fixes.

▸ ***Réalisation.*** Chaque groupe propose une image fixe qu'il tient pendant 15 à 20 secondes, puis passe à la seconde image fixe. Le reste de la classe tente de reconnaître le moment représenté.

▸ ***Réfléchir ensemble.*** Quelles indications l'image fixe donne-t-elle sur le placement des personnages ? Est-il facile ou difficile d'exprimer un moment par une image fixe ? Pourquoi ?

DÉFI LECTURE

Les personnages

1 Qui suis-je ? Associe chaque définition au personnage de la pièce qui lui correspond.

Je suis amoureuse de Rodrigue, mais en secret, car mon rang me l'interdit.	•	• l'Infante
Je suis un jeune homme partagé entre son amour et son honneur.	•	• Chimène
Je suis un guerrier auréolé de gloire mais trop vieux pour combattre.	•	• Rodrigue
Je suis un capitaine arrogant et coléreux.	•	• Don Diègue
Je suis une jeune fille incertaine de pouvoir épouser celui que j'aime.	•	• Don Gomès
Je détiens le pouvoir absolu mais ne suis pas obéi de tous mes capitaines.	•	• Don Fernand

2 Parmi ces vers, coche ceux qui sont prononcés par Rodrigue.

☐ « L'amour est un tyran qui n'épargne personne. »
☐ « Ton bras est invaincu mais non pas invincible. »
☐ « Assurez-vous l'honneur de m'empêcher de vivre. »
☐ « Un prince dans un livre apprend mal son devoir. »
☐ « Je suis jeune il est vrai mais à l'âme bien née
La valeur n'attend point le nombre des années. »
☐ « Mon honneur est muet, mon devoir impuissant ! »
☐ « Sauve ta renommée en me faisant mourir. »

L'intrigue

3 Connais-tu bien l'intrigue du *Cid* ? Numérote dans l'ordre les différents épisodes.

• ...... L'amour de Chimène pour Rodrigue éclate. Le roi les autorise à se marier après un délai de deuil d'un an.

• ...... Chimène, inquiète, parle de son futur mariage à sa confidente Elvire qui la rassure.

• . . . . . . Rodrigue est déchiré : doit-il choisir son amour ou son honneur ? Il choisit l'honneur, provoque don Gomès en duel et le tue.

• . . . . . . Le roi lève la punition contre Rodrigue. Mais Chimène demande vengeance et promet sa main à celui qui la vengera. Don Sanche, qui l'aime, se propose de la venger.

• . . . . . . Au sortir du conseil du roi, don Diègue et don Gomès se querellent. Don Diègue, déshonoré par don Gomès, demande à son fils Rodrigue de le venger.

• . . . . . . Rodrigue, victorieux de don Sanche, vient raconter sa victoire au roi.

• . . . . . . Chimène demande justice au roi pour la mort de son père. Rodrigue, poursuivi par la justice royale, combat les Maures et sauve le royaume.

• . . . . . . Chimène se présente à la cour. Le roi lui fait croire que c'est Rodrigue qui a été tué.

Mots-clés

4 Complète la grille de mots croisés avec les définitions suivantes.

1. Celui de Rodrigue pour Chimène est infini.
2. Rodrigue accomplit celle de son père.
3. Don Gomès en donne un à don Diègue.
4. Dans le Cid, on ne peut pas vivre sans.
5. Conflit impossible à résoudre, fréquent chez Corneille.
6. Il coule lorsque l'honneur est bafoué.
7. Combat individuel pour laver son honneur dans le sang.
8. Elle accompagne les héroïnes tragiques.
9. Arme du héros et symbole de sa vaillance.

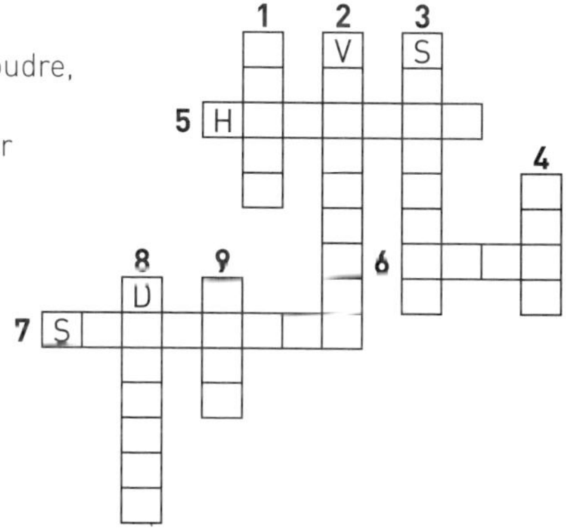

Duel, XVIIe siècle. Paris, BNF.

LE DOSSIER

Le Cid

Une tragi-comédie de l'honneur

REPÈRES

PARCOURS DE L'ŒUVRE

TEXTES ET IMAGES

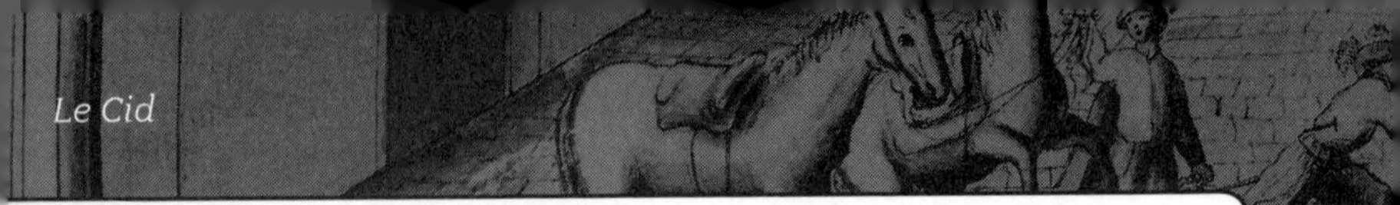

Qu'est-ce qu'une tragi-comédie ?

Les genres dramatiques, au XVIIe siècle, sont différenciés selon cinq critères principaux : l'appartenance sociale des personnages, l'enjeu de l'intrigue, son dénouement, le ton général de la pièce et les réactions des spectateurs.

● LA COMÉDIE FAIT RIRE

La comédie met en scène des personnages de moyenne ou petite condition (bourgeois, paysans, domestiques) montrés dans leur vie quotidienne. L'intrigue, qui tourne le plus souvent autour d'un problème familial (mariage, adultère, héritage...), connaît un dénouement heureux : les personnages sympathiques parviennent à triompher des obstacles qui s'opposent à leur bonheur.

Mettant en œuvre différents types de comique – de situation, de caractère, de mots –, la comédie vise à faire rire le spectateur. Elle emprunte souvent à la farce ses procédés comiques les plus grossiers (chutes et coups de bâtons, quiproquos...). Le registre de langue utilisé est quotidien, voire familier.

La farce remonte au Moyen Âge (XIe siècle) mais on en écrit jusqu'au XVIIIe siècle. Les farces sont initialement de courtes pièces jouées lors de foires ou de grands marchés, pour faire rire un public populaire de paysans et de villageois.

● LA TRAGÉDIE SUSCITE LA PITIÉ

La tragédie met en scène des personnages éminents : rois et princes, personnages historiques de l'Antiquité ou héros mythologiques, dont le sort revêt une dimension collective.

Les personnages principaux, aux prises avec des forces supérieures (les dieux dans la tragédie grecque, les passions dans la tragédie racinienne), tentent en vain d'échapper à leur destin et connaissent une fin malheureuse : la mort, la séparation définitive. En assistant aux malheurs de ces héros pétris de grandeur, les spectateurs éprouvent un mélange d'admiration et de pitié.

Le Cid : de la tragi-comédie à la tragédie

En 1637, Le Cid *est présenté comme une tragi-comédie. Le rang élevé des personnages, les multiples péripéties (combats, duels, quiproquos) d'une action complexe, le thème des amants qui deviennent ennemis, le dénouement heureux, sont représentatifs d'un genre encore très en vogue auprès du public. Cependant, en resserrant l'action dans le temps et l'espace, en unifiant le registre, en recentrant l'intérêt du spectateur sur le conflit intérieur des héros, Corneille fait entrer* Le Cid *dans l'univers de la tragédie. En 1648, après quelques remaniements, il rebaptisera sa pièce « tragédie ».*

LA TRAGI-COMÉDIE, UN GENRE HYBRIDE

Née à l'époque baroque, la tragi-comédie est un genre hybride. Les personnages appartiennent à la noblesse ou à la haute bourgeoisie. L'action, souvent complexe et se déroulant sur un temps long, mêle différentes intrigues (sentimentales et politiques) et présente de nombreuses péripéties où peuvent se mélanger les registres (alternance de scènes comiques et dramatiques).

Se dit d'un style qui s'est développé aux XVIe et XVIIe siècles, d'abord en Italie puis dans de nombreux pays catholiques. À l'opposé du classicisme, le baroque laisse libre cours au mouvement, à la sensibilité et à la fantaisie.

Après une phase de grande tension, le dénouement est généralement heureux pour les héros, qui ont su surmonter les obstacles. Les spectateurs éprouvent de la sympathie et de l'admiration pour des personnages plus proches d'eux que ceux de la tragédie.

Théâtre en plein air, détail, gravure, XVIIe siècle.

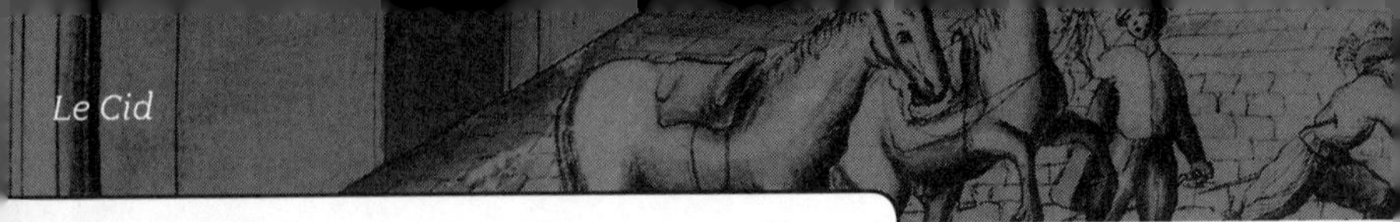

Quelles sont les règles du théâtre classique ?

À partir des années 1630, le goût classique se met en place et les pratiques théâtrales tendent à s'uniformiser. Ceux qui ne respectent pas les règles doivent affronter une critique et un public de plus en plus imprégnés de l'idéal classique.

● LE RETOUR À L'ANTIQUITÉ

Après la période baroque (fin du XVIe-début du XVIIe siècle) dont la production artistique est marquée par la fantaisie, l'exagération, les effets de trompe-l'œil, on revient aux principes de beauté énoncés dans l'Antiquité classique. La régularité et la symétrie sont à l'honneur. C'est le triomphe du classicisme.

Dans le domaine du théâtre, des écrivains comme Chapelain ou Mairet, s'inspirant de la *Poétique* d'Aristote (384-322 av. J.-C.), édictent, dans les années 1620-1630, de nouvelles règles qui prônent la clarté, l'ordre, l'unité. L'Académie française encourage cette nouvelle esthétique théâtrale et surveille les productions.

Créée par Richelieu en 1635, l'Académie française a pour objectif de veiller à la pureté de la langue. Dans la querelle du Cid, elle entend jouer un rôle de juge en matière de littérature et de langue : elle reproche à la pièce de Corneille l'emploi de mots vieillis, des incorrections grammaticales, des maladresses de style.

● LES NOTIONS DE VRAISEMBLANCE ET DE BIENSÉANCE

Par respect pour le spectateur, la production artistique recherche la clarté et la vraisemblance : le public doit comprendre facilement les événements représentés et croire que ceux-ci sont vrais.

De plus, elle se doit de proposer un spectacle qui ne le choque pas : la bienséance, c'est-à-dire le respect de ce qui est admis par la société de l'époque en matière de morale, est de règle. On refuse désormais de voir le sang couler et on critique les œuvres qui mettent en scène des personnages ou des comportements jugés immoraux.

● LA RÈGLE DES TROIS UNITÉS

Si elles ne veulent pas être vivement critiquées, les pièces de l'époque classique doivent respecter la règle des trois unités :

– l'unité d'action : l'intrigue est fondée sur le développement d'une action unique, et toutes les péripéties doivent s'y rattacher ;

– l'unité de temps : l'action ne doit pas excéder vingt-quatre heures ;

– l'unité de lieu : l'action doit se dérouler dans un seul lieu, représenté sur scène.

Enfin, on promeut l'unité de genre et de registre littéraire : les éléments de comédie et de tragédie ne doivent plus être mêlés dans la même pièce. Cette dernière exigence va conduire à la disparition du genre dramatique hybride qu'est la tragi-comédie.

Ces règles sont encore naissantes à l'époque où Corneille écrit et publie *Le Cid*.

*« Qu'en un lieu, en un jour, un seul fait accompli/Tienne jusqu'à la fin le théâtre rempli. » Ces deux vers de l'*Art poétique* de Boileau (1674) résument bien la règle des trois unités qui, avec les notions de vraisemblance et de bienséance, sert de fondement au théâtre classique.*

La querelle du *Cid*

Créé début 1637 par des comédiens en vogue, Le Cid *connaît un succès phénoménal. Ce triomphe suscite la jalousie des rivaux de Corneille, lesquels déclenchent une vive polémique, appelée querelle du* Cid, *qui va faire rage de février à décembre 1637.*

*Corneille essuie une multitude de reproches. On l'accuse notamment d'avoir plagié sa source espagnole (*Las Mocedades del Cid *de Guillen de Castro, 1618), d'avoir mis en scène une Chimène inconvenante, et surtout d'avoir contrevenu aux règles naissantes de la tragédie classique.*

L'Académie française arbitre : elle reconnaît l'originalité de Corneille par rapport à sa source mais le choix d'un sujet trop invraisemblable et le personnage de Chimène sont blâmés. Profondément blessé, Corneille n'écrit plus pendant trois ans.

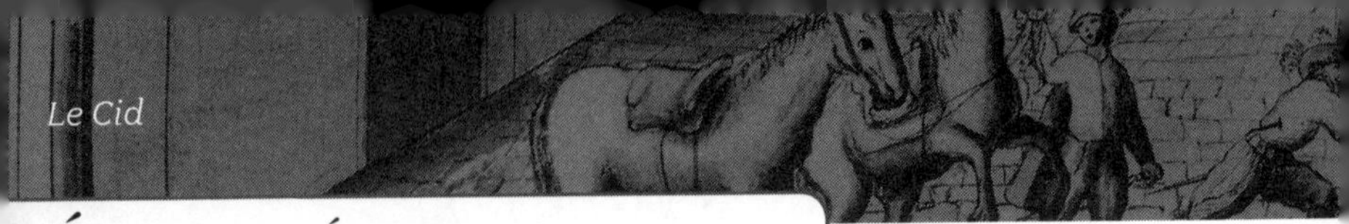

Étape I • Étudier l'exposition

SUPPORT • Acte I, scènes 1 et 2.

OBJECTIF • Repérer comment se mettent en place l'intrigue* et les thèmes de la tragi-comédie*.

Une exposition riche en informations

1 Quels éléments nous permettent de situer l'action en Espagne, à la cour du roi de Castille ? Sait-on quand l'action se déroule ?

2 Quelle rencontre a eu lieu avant le lever du rideau ? Cite les deux informations importantes rapportées par Elvire (v. 25-38 et 43-48).

3 Chimène épousera-t-elle Rodrigue ? Classe les éléments suivants dans la bonne colonne : *le caractère de l'Infante – l'amour de l'Infante – l'orgueil du Comte – l'amour de Chimène – la valeur de Rodrigue – la naissance de Rodrigue – la décision du roi.*

Éléments favorables	Éléments défavorables/obstacles
....	....
....	....
....	....
....	....

Le devoir et l'honneur : deux valeurs nobles

4 **a.** Relève, dans la scène 1, les expressions qui définissent le devoir de Chimène envers son père.
b. Relève, dans les répliques de l'Infante, les expressions qui renvoient à son devoir de fille et d'infante.

5 Quels sont les devoirs d'un grand homme ?
Pour répondre, appuie-toi notamment sur les vers 25 à 52.

6 **a.** Relève, dans la tirade de l'Infante (v. 91-124), les mots qui désignent le sentiment amoureux.

b. Relis les vers 98 d'une part, et 123-124 de l'autre.
Comment s'opposent, dans ces vers, le devoir et l'amour ?

La langue et le style

7 Les figures de style. Relis les vers 56 et 135.
Sur quelle figure de style ces deux vers sont-ils construits ?

Faire le bilan

8 Les techniques de l'exposition. Complète le texte à l'aide des mots suivants : *intrigue – confident(e) – dialogue – informative – exposition – acte – répliques.*

Les premières scènes du premier . . . . d'une pièce de théâtre permettent au spectateur de rentrer dans l'. . . . . de la pièce qui a souvent déjà commencé hors scène. Les . . . . des personnages de ces scènes dites d'. . . . . ont une valeur . . . . : les personnages, les circonstances et les enjeux de l'action à venir sont présentés. Dans une tragédie ou une tragi-comédie, ces scènes prennent souvent la forme d'un . . . . entre un personnage principal et son ou sa . . . .

À ton avis

9 Le pouvoir des pères. Chimène, comme l'Infante, se soumet à la décision de son père, et s'en remet à lui pour choisir un époux. Que penses-tu de son attitude ?

Écrire maintenant

10 Les chambres de Chimène et de l'Infante. Rédige les didascalies* initiales qui décrivent deux décors réalistes ; tiens compte de l'époque (le Moyen Âge) et du lieu (Séville).

Étape 2 • Caractériser le héros tragique

SUPPORT • Acte 1, scènes 5 et 6.

OBJECTIFS • Définir le héros tragique* ; étudier les fonctions du monologue délibératif* et la notion de dilemme*.

Rodrigue, un fils soumis au code d'honneur de son père

1 Comment l'autorité de don Diègue sur son fils s'exprime-t-elle dans le dialogue ?
a. À quel mode les verbes employés par don Diègue sont-ils le plus souvent ?
b. Relève les occurrences des mots « père » et « fils ».

2 **a.** Quels sens différents le mot « sang » prend-il dans les répliques de don Diègue ?
b. Établis le champ lexical de l'offense.
Combien de fois le verbe « venger » est-il utilisé dans le texte ?

3 Comment don Diègue désigne-t-il don Gomès ?
Pourquoi, à ton avis, fait-il un portrait si flatteur de son ennemi ?

Le dilemme de Rodrigue

4 Comment Rodrigue exprime-t-il sa douleur dans la strophe 1 de la scène 6 ?

5 **a.** Quels types de phrases dominent dans les trois premières strophes de la scène 6 ?
b. À quoi voit-on que Rodrigue a pris une décision dans la dernière strophe ?

6 Complète le tableau suivant. Que remarques-tu ?

	Termes renvoyant à l'honneur	**Termes renvoyant à l'amour**
Strophes 1, 2, 3	. . . .	. . . .
Strophes 4, 5, 6	. . . .	. . . .

7 À qui Rodrigue s'adresse-t-il successivement dans ce monologue ? Quelle évolution ces interpellations soulignent-elles ?

Un héros tragique face à la mort

8 **a.** Dans cette scène, Rodrigue évoque sa mort à de multiples reprises. Sous quelles formes pourrait-elle advenir ?
b. Quels modes verbaux utilise-t-il quand il évoque sa mort ?

La langue et le style

9 **La gradation.** Cette figure de style consiste à faire progresser une idée par une énumération de termes de plus en plus forts. Relève une gradation employée par don Diègue et une gradation employée par Rodrigue.

10 **La versification.**
a. En quoi le vers 282 est-il particulier ?
b. Le monologue de Rodrigue est-il écrit en alexandrins* ? Établis le modèle (type de vers et alternance des rimes) commun aux 6 strophes (« stances »*) de ce monologue.

Faire le bilan

11 **Qu'est-ce qu'un héros tragique ?** Définis en une phrase le dilemme* auquel Rodrigue, héros tragique, doit faire face.

À ton avis

12 **Les relations père-fils.** Penses-tu qu'un père puisse faire une telle demande à son fils ?
L'honneur familial est-il toujours une valeur importante ?

Écrire maintenant

13 **Faire un portrait.** Rédige le portrait que Don Diègue pourrait faire de son fils ou le portrait que Rodrigue pourrait faire de son père.

Étape 3 • Analyser une scène de duel verbal

SUPPORT • Acte II, scène 2.

OBJECTIFS • Étudier les formes théâtrales du duel : la parole de l'affrontement, la tension dramatique.

La progression d'un dialogue intense

1 Comment Rodrigue s'adresse-t-il au Comte ? Quels modes verbaux et quels types de phrases utilise-t-il pour défier le Comte ?

2 Combien de fois Rodrigue provoque-t-il en duel le Comte dans cette scène ?

3 **a.** Combien de fois le Comte offre-t-il à Rodrigue d'oublier le défi ? Quels arguments fait-il valoir ?
b. Quel vers marque l'acceptation du Comte ? Pourquoi ne peut-il plus désormais refuser de se battre ?

Le duel, une réponse aux questions d'honneur

4 Les deux protagonistes font référence à un même code moral. Montre-le en établissant les champs lexicaux de l'honneur et du courage dans les répliques des deux personnages.

	Rodrigue	**Le Comte**
Honneur	....	....
Courage	....	....

5 Cite les vers qui montrent que :
a. Rodrigue respecte le Comte ;
b. le Comte respecte Rodrigue.

La langue et le style

6 Les stichomythies. Combien d'alexandrins sont disloqués dans cette scène ? Quels sont les deux passages où le procédé est le plus utilisé ? Que traduisent ces stichomythies* ?

7 La valeur du présent. Relis les vers 405-406, 417, 434 et 442.
Quelle y est la valeur du présent ?
Comment appelle-t-on ce type de phrases ?

Faire le bilan

8 La tension dramatique. Comment les répliques des personnages montrent-elles que la violence et la tension montent ?
Rédige un paragraphe dans lequel tu emploieras et expliqueras les termes « stichomythie » et « duel verbal ».

À ton avis

9 La règle de bienséance. Est-elle justifiable ?
Faut-il représenter la violence au théâtre et au cinéma ?

Écrire maintenant

10 Rapporter une action. Don Arias a assisté au duel du Comte et de Rodrigue et vient le rapporter au roi.
Imagine son récit et les réactions du souverain.

11 Plaider une cause. Rédige un plaidoyer contre le duel en consultant sur Internet les édits royaux qui l'ont interdit sous Louis XIII et Louis XIV. Tu peux t'appuyer également sur l'Enquête, p. 172.

Enquêter maintenant

12 Le duel comme motif narratif. Relis un célèbre duel verbal du théâtre français, celui de Cyrano de Bergerac qui se termine par : « À la fin de l'envoi je touche. » (Edmond Rostand, *Cyrano de Bergerac,* acte I, scène 4). Tu trouveras sur YouTube de nombreuses interprétations de cette scène.

Étape 4 • Définir l'échange entre Chimène et Rodrigue : duo ou duel ?

SUPPORT • Acte III, scène 4.

OBJECTIFS • Analyser l'évolution du conflit. Étudier le thème de l'amour dans la pièce.

Un dialogue héroïque et tragique

1 Que veut obtenir Rodrigue de Chimène ?
Relève les vers qui expriment cette demande.

2 Relève, dans les tirades* de Chimène (v. 905-931) et Rodrigue (v. 869-904), le vocabulaire de l'honneur et du devoir.

	Rodrigue	Chimène
Honneur	....	....
Devoir	....	....

3 « Tu t'es, en m'offensant, montré digne de moi ; /
Je me dois, par ta mort, montrer digne de toi. » (v. 931-932)
a. Étudie le jeu des pronoms dans ces deux vers.
b. Explique l'argument de Chimène ; à quel argument de Rodrigue fait-il écho ?

Un duo amoureux

4 **Deux adversaires, deux amants.** Relève, dans l'ensemble de la scène, les formules attributives par lesquelles les deux personnages se définissent l'un par rapport à l'autre.

5 **L'aveu de l'amour.**
a. Combien de fois Chimène dit-elle à Rodrigue de partir ?
b. Que signifie réellement la formule : « Va, je ne te hais point. » (v. 963) ?

6 Relève les effets de parallélisme* dans les répliques de Rodrigue et de Chimène aux vers 985-992.
Quels sentiments communs les deux amants expriment-ils ?

La langue et le style

7 Le dialogue théâtral. Repère les différentes formes du dialogue théâtral : stichomythies*, tirades, échange de répliques. Quelle évolution dans les sentiments des personnages l'alternance de ces formes exprime-t-elle ?

Faire le bilan

8 Complète les phrases ci-dessous avec les expressions suivantes : *duel verbal – duo amoureux – stichomythies.*

On appelle .... une scène comique ou tragique dans laquelle deux amants s'avouent leur amour réciproque en des termes très doux.

On appelle .... une scène dans laquelle le dialogue des deux personnages est marqué par des répliques de plus en plus tendues ; lorsque ces répliques sont échangées sur un rythme très rapide et sont très courtes, on parle de ....

9 La progression dramatique. En quoi cette scène, qui ne fait guère progresser l'action, est-elle capitale ? Donne trois arguments différents pour justifier ta réponse.

À ton avis

10 L'attitude de Chimène. L'attitude de l'héroïne est-elle compréhensible ? Conforme à la morale et à la bienséance ?

Écrire maintenant

11 Le témoin muet. Elvire est témoin de cette scène. Insère, aux moments qui te semblent opportuns, trois répliques de la gouvernante en aparté*.

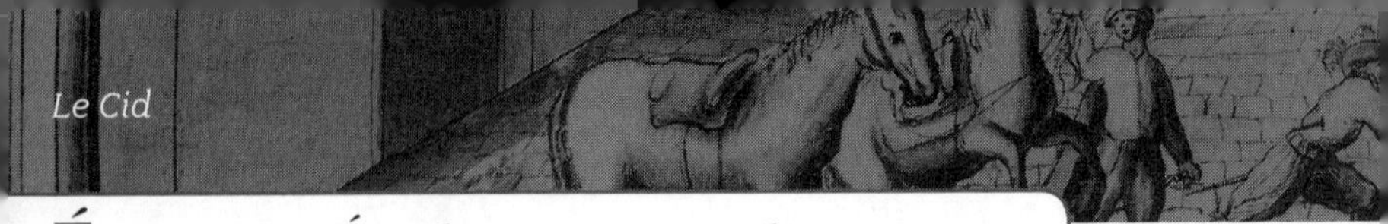

Étape 5 • Étudier un récit dramatique

SUPPORT • Acte IV, scène 3.

OBJECTIF • Caractériser la forme (tirade) et les fonctions du récit dans la tragi-comédie*.

La naissance d'un héros

1 En quoi les vers 1253 et 1255-1256 marquent-ils un changement décisif dans la position du roi vis-à-vis de Rodrigue ?

2 Relève et commente l'emploi du « je/moi » et du « nous » dans la tirade de Rodrigue : que remarques-tu ?

3 Établis le champ lexical de la peur. Qui éprouve de la peur dans le combat ?

Un récit épique (vers 1257-1329)

4 Quels vers marquent les différentes phases du combat : montée en ligne, embuscade, arrivée des ennemis, corps à corps, retraite, victoire ?

5 Quel est le temps verbal employé dans les vers 1301 à 1308 ? Quel est l'effet produit ?

6 Combien cette bataille met-elle de combattants en présence ?

7 Comment, dans les vers 1290-1303, le combat prend-il une dimension extraordinaire ? Relève les hyperboles*.

8 Relève les vers ou les expressions qui évoquent la nuit, la mer, le fleuve. Quel semble être le rôle des éléments naturels dans la bataille ?

La langue et le style

9 Sur quelle figure de style le vers 1273 repose-t-il ?

10 Observe le rythme des vers 1290-1294 et 1318. Sur quel effet commun ce rythme repose-t-il ? D'autres vers mettent-il en place le même procédé ?

Faire le bilan

11 Complète le texte avec les mots suivants :
héroïque – épique – bienséance – tirade – hors scène – violentes.

Le récit au théâtre est une . . . . narrative ; il permet de représenter sur scène des faits qui se sont déroulés . . . . ; le dramaturge peut ainsi présenter des actions . . . . sans bafouer les règles de la . . . . Racontant des combats ou des morts violentes, le récit introduit des éléments romanesques et . . . . dans la tragédie ; il use du registre . . . .

À ton avis

12 **Un « morceau de bravoure ».** Ce récit est un « morceau de bravoure » pour le comédien. Quelle réaction provoque-t-il chez le spectateur ?
Un récit dramatique est-il, selon toi, un bon procédé pour représenter ce qui ne peut être montré ?

Écrire maintenant

13 **Le récit épique.** Rédige, en prose, le récit épique que pourrait faire un camarade d'un événement...

Enquêter maintenant

14 **Le Cid historique.** Fais une recherche au CDI ou sur Internet sur l'un des trois thèmes suivants :
- Rodrigo Diaz de Bivar, le véritable Cid : sa vie, ses batailles durant la *Reconquista* ;
- les Maures en Espagne : présence arabo-musulmane dans les grandes villes andalouses (Séville, Grenade, Cordoue).

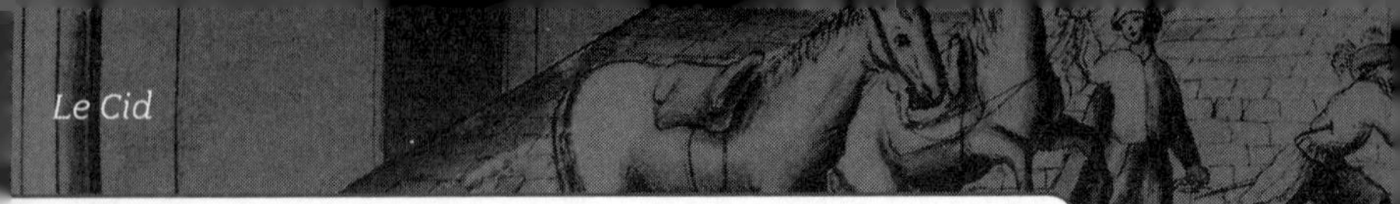

Étape 6 • Caractériser le dénouement

SUPPORT • Acte V en entier.

OBJECTIFS • Analyser les étapes du dénouement* : mesurer le rôle du roi dans la résolution du conflit ; s'interroger sur les ambiguïtés du dénouement : tragi-comédie ou tragédie* ?

Le dénouement, un point final ?

1 Structure de l'acte V.

a. Montre que tous les personnages principaux et secondaires sont présents dans cet acte.

b. Quelles situations énonciatives déjà rencontrées dans la pièce sont reprises à l'acte V ?

2 La position morale des héros.

a. Combien de fois Chimène avoue-t-elle l'amour qu'elle éprouve pour Rodrigue ?

b. En quoi les vers 1805-1812 montrent-ils que son dilemme* n'est pas complètement résolu ?

3 Dans quelle mesure peut-on parler d'un dénouement différé ? À quelles conditions le mariage de Chimène et Rodrigue pourra-t-il avoir lieu ?

Le triomphe du roi

4 Quelle était la position du roi à propos du duel judiciaire de Rodrigue et don Sanche à la fin de l'acte IV ? Est-elle la même à l'acte V ?

5 Comment, dans les scènes 6 et 7, l'autorité du roi sur la noblesse s'affirme-t-elle ? Relève les marques de respect (paroles et gestes) des sujets envers leur monarque : donne trois exemples.

La langue et le style

6 Étudie le dernier alexandrin* de la pièce : quelles sont ses particularités de rythme, de sonorité et de sens ?

7 En quoi l'acte V met-il en place un quiproquo* et un coup de théâtre* ?

Faire le bilan

8 De quel registre littéraire relèvent les éléments narratifs présents dans l'acte V ?

	héroïque	tragique	comique
1. Le duel de Rodrigue et don Sanche	☐	☐	☐
2. L'attitude de l'Infante	☐	☐	☐
3. Le quiproquo autour de l'épée présentée par don Sanche	☐	☐	☐
4. La menace des Maures	☐	☐	☐
5. Le mariage différé de Rodrigue et Chimène	☐	☐	☐

À ton avis

9 **Le dénouement.** La décision du roi te satisfait-elle? Te semble-t-elle vraisemblable et « bienséante » ?

Écrire maintenant

10 **Un autre dénouement ?** Si le Roi et l'Infante laissaient Chimène et Rodrigue seuls en scène, que se diraient-ils avant de se séparer pour une année ? Crée une scène supplémentaire pour ce duo...

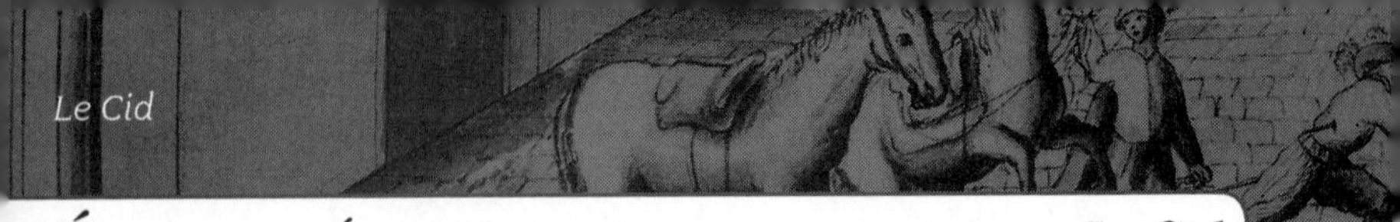

Étape 7 • Étudier le thème du duel dans *Le Cid*

SUPPORT • Ensemble de la pièce et enquête.

OBJECTIFS • Montrer comment le motif du duel structure la dramaturgie*, la parole théâtrale et la symbolique de la pièce de Corneille ; replacer la pièce dans son contexte historique, politique et esthétique.

Les duels : un problème dramaturgique et politique

1 Combien de duels ou de combats physiques sont évoqués dans *Le Cid* ? À quel moment sont-ils placés dans la pièce ? Sont-ils représentés sur la scène ? Pourquoi ?

2 Quelle est la position du roi sur la question du duel individuel au XVIIe siècle ?
Dans quelles scènes cette position est-elle évoquée ?

3 Quel duel de cette pièce est un duel judiciaire ? La pratique du duel judiciaire est-elle encore en vigueur au XVIIe siècle ?

4 Comment le dramaturge contourne-t-il la difficulté par la parole ? Rappelle ce que sont un duel verbal*, une stichomythie* et un récit*.

Le combat, motif propre à la tragi-comédie

5 Trois fois Rodrigue se bat, trois fois il l'emporte. Montre comment ces trois combats successifs – individuels ou collectifs – le construisent en tant que héros.

Combat 1	Rodrigue l'emporte sur . . . . Il est un héros aux yeux de . . . . . . parce qu'il rétablit . . . .
Combat 2	Rodrigue l'emporte sur . . . . Il est un héros aux yeux de . . . . . . parce qu'il rétablit . . . .
Combat 3	Rodrigue l'emporte sur . . . . Il est un héros aux yeux de . . . . . . parce qu'il . . . .

6 Le combat de Rodrigue contre Chimène : qui, selon toi, l'emporte ? Rodrigue ou Chimène ? Justifie ta réponse.

Le conflit des valeurs, forme morale et politique du duel

7 Le dilemme. À quel dilemme* chacun de ces quatre personnages est-il confronté dans la pièce ?
Ces dilemmes trouvent-ils une résolution ?

	Dilemme	Résolution ?
Rodrigue	....	....
Chimène	....	....
Le Roi	....	....
L'Infante	....	....

8 L'évolution de la notion d'honneur au cours de la pièce.
a. Comment les pères conçoivent-ils l'honneur au début de la pièce ?
b. À la fin de la pièce, Rodrigue et Chimène conçoivent-ils leur honneur de la même façon que leurs pères ?

À ton avis

9 L'amour. L'amour triomphe-t-il dans *Le Cid* ? Justifie ta réponse.

Écrire maintenant

10 Duel verbal. Honneur et Amour, deux personnages allégoriques, se battent en duel.
Imagine leur affrontement sous forme de duel verbal.

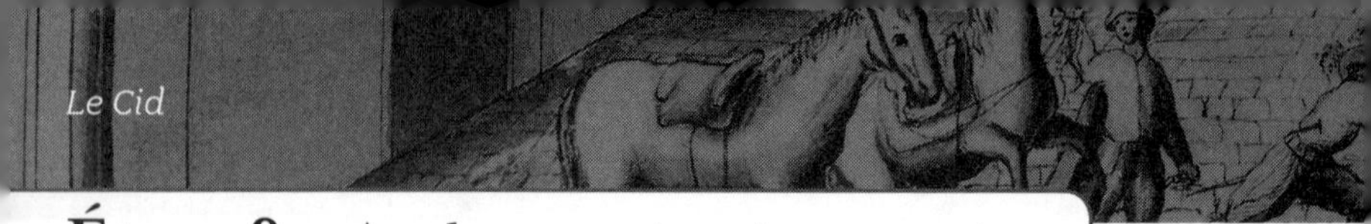

Étape 8 • Analyser trois mises en scène de la pièce

SUPPORTS • Cahier central pour les photos, YouTube pour les extraits vidéo de la mise en scène de Sandrine Anglade.

OBJECTIF • Observer et comparer trois interprétations du *Cid*.

Caractériser les trois mises en scène

Trois mises en scène sont présentées dans le cahier central :
– celle de Sandrine Anglade (documents 1, 2 et 3) ;
– celle de Thomas Le Douarec (documents 4 et 5) ;
– celle de Philippe Car (documents 6 et 7).

1 Le décor et la lumière.

a. Caractérise le type de décor dans chaque mise en scène, puis justifie oralement tes choix.

documents 1, 2, 3 •
documents 4 et 5 •
documents 6 et 7 •

• décor absent (fond noir, absence totale de mobilier)
• décor dépouillé (sol jonché d'éclats, cordes verticales)
• décor faisant référence au lieu et à l'époque (motifs andalous)

b. Comment le plateau est-il mis en lumière ?

documents 1, 2 et 3	....
documents 4 et 5	....
documents 6 et 7	....

2 Les costumes et les accessoires.

a. L'action de la pièce se situe au Moyen Âge à Séville. Par quels costumes et accessoires ce contexte historique et culturel est-il évoqué ?

documents 1, 2 et 3	....
documents 4 et 5	....
documents 6 et 7	....

b. Repère les éléments qui « font moderne ».

documents 1, 2 et 3	....
documents 4 et 5	....
documents 6 et 7	....

Comparer les trois interprétations

3 **Un couple d'amants mythiques.** Observe les photos (doc. 2, 3, 5 et 6) qui illustrent le duo entre Chimène et Rodrigue dans l'acte III, scène 4.
a. Quelle mise en scène te paraît le mieux traduire leur relation amoureuse ?
b. L'un des deux semble-t-il dominer l'autre physiquement ou moralement ?

4 **L'univers tragique.**
a. Dans quelles mises en scène les combats sont-ils le plus représentés ? Quel en est l'accessoire clé ?
b. Quelle mise en scène refuse de faire entrer le spectateur dans l'univers tragique* ?
Caractérise par un adjectif l'univers ainsi créé.

À ton avis

5 Un metteur en scène peut-il aujourd'hui ne pas respecter le registre tragique de la pièce ?
Justifie ta réponse.

6 Quelle est la mise en scène que tu aurais préféré voir ?
Explique tes raisons...

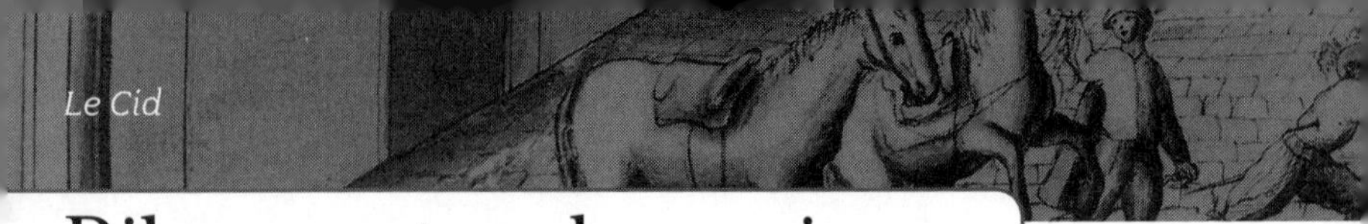

Dilemmes et cas de conscience : groupement de documents

OBJECTIF • Comparer différents documents qui mettent en scène des individus contraints d'opérer un choix moral et personnel.

DOCUMENT 1 *Le dilemme de Titus*

Dans ce monologue, l'empereur romain Titus est confronté à un choix difficile : doit-il vraiment renvoyer la reine de Palestine Bérénice qu'il aime pour satisfaire la raison d'État ?

Hé bien ! Titus, que viens-tu faire ?
Bérénice t'attend. Où viens-tu, téméraire ?
Tes adieux sont-ils prêts ? T'es-tu bien consulté ?
Ton cœur te promet-il assez de cruauté ?
Car enfin au combat qui pour toi se prépare
C'est peu d'être constant, il faut être barbare[1].
Soutiendrai-je ces yeux dont la douce langueur
Sait si bien découvrir les chemins de mon cœur ?
Quand je verrai ces yeux armés de tous leurs charmes,
Attachés sur les miens, m'accabler de leurs larmes,
Me souviendrai-je alors de mon triste devoir ?
Pourrai-je dire enfin : « Je ne veux plus vous voir ? »
Je viens percer un cœur que j'adore, qui m'aime.
Et pourquoi le percer ? Qui l'ordonne ? Moi-même. [...]
Non, non, encore un coup, ne précipitons rien[2].
Que Rome[3], avec ses lois, mette dans la balance

1. Titus va devoir annoncer sous peu à Bérénice sa décision et cela s'annonce difficile pour lui comme pour elle (« combat »). Son courage (« constant ») ne suffira pas, il va falloir accepter d'être cruel, sans pitié (« barbare ») envers celle qu'il aime.
2. Le peuple romain n'a pas encore manifesté ouvertement son opposition à un mariage avec Bérénice. Titus se demande donc s'il ne commet pas une erreur en s'imposant trop rapidement un tel sacrifice...
3. **Rome** : les romains (peuple et sénateurs réunis).

Tant de pleurs, tant d'amour, tant de persévérance,
Rome sera pour nous... Titus, ouvre les yeux !
Quel air respires-tu ? N'es-tu pas dans ces lieux
Où la haine des rois, avec le lait sucée[4]
Par crainte ou par amour ne peut être effacée ?
Rome jugea ta reine en condamnant ses rois. [...]
Faut-il donc tant de fois te le faire redire ?
Ah ! Lâche, fais l'amour, et renonce à l'empire.
Au bout de l'univers va, cours te confiner[5],
Et fais place à des cœurs plus dignes de régner.
Sont-ce là ces projets de grandeur et de gloire
Qui devaient dans les cœurs consacrer ma mémoire ?[6]
Depuis huit jours je règne ; et jusques à ce jour,
Qu'ai-je fait pour l'honneur ? J'ai tout fait pour l'amour.
D'un temps si précieux quel compte puis-je rendre ?
Où sont ces heureux jours que je faisais attendre ?
Quels pleurs ai-je séchés ? Dans quels yeux satisfaits
Ai-je déjà goûté le fruit de mes bienfaits ?
L'univers a-t-il vu changer ses destinées ?
Sais-je combien le ciel m'a compté de journées ?
Et de ce peu de jours, si longtemps attendus,
Ah ! Malheureux, combien j'en ai déjà perdus !
Ne tardons plus : faisons ce que l'honneur exige :
Rompons le seul lien...

JEAN RACINE, *Bérénice* (1670), acte IV, scène 4.

4. Les Romains ont été dirigés d'abord par des rois ; ils ont renversé leur dernier roi, Tarquin le Superbe, et instauré une République puis un Empire. Mais ils ont été élevés dans le souvenir et la haine des rois (« avec le lait sucée »). Or, Bérénice est reine...
5. Titus s'adresse à lui-même : « Choisis donc l'amour et renonce à régner, pars avec celle que tu aimes au bout du monde. »
6. Mais il hésite : il voulait être un grand empereur, aimé de ses sujets et qu'on se souvienne de lui. Doit-il renoncer par amour à tout cela ?

DOCUMENT **2** ***Tempête sous un crâne***

Alors que Jean Valjean, ancien forçat dissimulé sous l'identité de Monsieur Madeleine, maire de Montreuil-sur-Mer, mène une existence paisible et respectée, l'inspecteur de police Javert vient lui annoncer le procès d'un paysan, Champmathieu, que la justice prend pour Jean Valjean. Il hésite alors sur la conduite à tenir : ne rien dire ou se dénoncer.

Après tout, s'il y a du mal pour quelqu'un, ce n'est aucunement de ma faute. C'est la providence qui a tout fait. C'est qu'elle veut cela apparemment ! Ai-je le droit de déranger ce qu'elle arrange ? Qu'est-ce que je demande à présent ? De quoi est-ce que je vais me mêler ? Cela ne me regarde pas. Comment ! Je ne suis pas content ! Mais qu'est-ce qu'il me faut donc ? Le but auquel j'aspire depuis tant d'années, le songe de mes nuits, l'objet de mes prières au ciel, la sécurité, je l'atteins ! C'est Dieu qui le veut. Je n'ai rien à faire contre la volonté de Dieu. Et pourquoi Dieu le veut-il ? Pour que je continue ce que j'ai commencé, pour que je fasse le bien, pour que je sois un jour un grand et encourageant exemple, pour qu'il soit dit qu'il y a eu enfin un peu de bonheur attaché à cette pénitence que j'ai subie[1] et à cette vertu où je suis revenu ! Vraiment je ne comprends pas pourquoi j'ai eu peur tantôt d'entrer chez ce brave curé et de tout lui raconter comme à un confesseur, et de lui demander conseil, c'est évidemment là ce qu'il m'aurait dit. C'est décidé, laissons aller les choses ! laissons faire le bon Dieu !

Il se parlait ainsi dans les profondeurs de sa conscience, penché sur ce qu'on pourrait appeler son propre abîme.

– Allons, dit-il, n'y pensons plus. Voilà une résolution prise ! Mais il ne sentit aucune joie.

Au contraire.

---

1. En 1815, Jean Valjean, libéré du bagne, a commis deux vols : il a dérobé les chandeliers de Mgr Myriel, évêque de Digne, mais celui-ci lui a pardonné et l'a engagé à se repentir ; il a également volé, sans le vouloir, l'argent d'un jeune ramoneur. Depuis lors, il est recherché par la police. Cependant, décidé à faire le bien, il a changé de vie et de nom : sept ans après les faits, il est devenu le généreux M. Madeleine, maire d'une petite ville du nord de la France…

On n'empêche pas plus la pensée de revenir à une idée que la mer de revenir à un rivage. Pour le matelot, cela s'appelle la marée ; pour le coupable, cela s'appelle le remords. Dieu soulève l'âme comme l'océan.

Au bout de peu d'instants, il eut beau faire, il reprit ce sombre dialogue dans lequel c'était lui qui parlait et lui qui écoutait, disant ce qu'il eût voulu taire, écoutant ce qu'il n'eût pas voulu entendre, cédant à cette puissance mystérieuse qui lui disait : pense ! comme elle disait il y a deux mille ans à un autre condamné : marche ! [...] Il se demanda donc où il en était. Il s'interrogea sur cette « résolution prise ». Il se confessa à lui-même que tout ce qu'il venait d'arranger dans son esprit était monstrueux, que « laisser aller les choses, laisser faire le bon Dieu », c'était tout simplement horrible. Laisser s'accomplir cette méprise de la destinée et des hommes, ne pas l'empêcher, s'y prêter par son silence, ne rien faire enfin, c'était faire tout ! c'était le dernier degré de l'indignité hypocrite ! c'était un crime bas, lâche, sournois, abject, hideux ! Pour la première fois depuis huit années, le malheureux homme venait de sentir la saveur amère d'une mauvaise pensée et d'une mauvaise action.

Il la recracha avec dégoût.

Il continua de se questionner. Il se demanda sévèrement ce qu'il avait entendu par ceci : « Mon but est atteint ! » Il se déclara que sa vie avait un but en effet. Mais quel but ? cacher son nom ? tromper la police ? Était-ce pour une chose si petite qu'il avait fait tout ce qu'il avait fait ? Est-ce qu'il n'avait pas un autre but, qui était le grand, qui était le vrai ? Sauver, non sa personne, mais son âme. Redevenir honnête et bon. Être un juste ! est-ce que ce n'était pas là surtout, là uniquement, ce qu'il avait toujours voulu, ce que l'évêque lui avait ordonné ? – Fermer la porte à son passé ? Mais il ne la fermait pas, grand Dieu ! il la rouvrait en faisant une action infâme ! mais il redevenait un voleur, et le plus odieux des voleurs ! il volait à un autre son existence, sa vie, sa paix, sa place au soleil ! il devenait un assassin ! il tuait, il tuait moralement un misérable homme, il lui infligeait cette affreuse mort vivante, cette mort à ciel ouvert, qu'on appelle le bagne[2] ! Au contraire, se livrer, sauver cet homme frappé d'une si lugubre erreur,

2. **Bagne** : il s'agit du bagne de Toulon ; les condamnés qui y étaient emprisonnés servaient sur les navires de guerre.

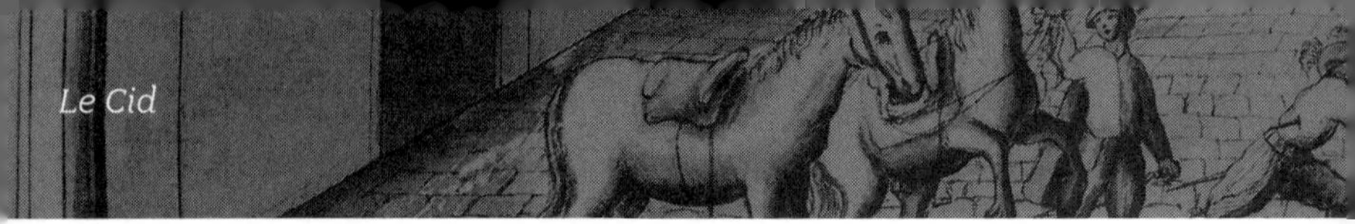

reprendre son nom, redevenir par devoir le forçat[3] Jean Valjean[4], c'était là vraiment achever sa résurrection, et fermer à jamais l'enfer d'où il sortait ! [...] – Eh bien, dit-il, prenons ce parti ! faisons notre devoir ! sauvons cet homme ! Il prononça ces paroles à haute voix, sans s'apercevoir qu'il parlait tout haut.

VICTOR HUGO, *Les Misérables* (1862), 1re partie, chapitre 7, « Tempête sous un crâne ».

---

3. **Forçat** : prisonnier qui porte les fers.
4. S'il révèle qu'il est le véritable Jean Valjean, pour innocenter Champmathieu accusé à sa place, il va être renvoyé au bagne.

DOCUMENT 3 *Maquisard*[1]

En juin 1944, le poète maquisard a dû faire un choix difficile, celui de laisser exécuter son ami et compagnon de résistance Roger Bernard.

Horrible journée ! J'ai assisté, distant de quelque cent mètres, à l'exécution de B. Je n'avais qu'à presser la détente du fusil-mitrailleur et il pouvait être sauvé ! Nous étions sur les hauteurs dominant Céreste[2], des armes à faire craquer les buissons et au moins égaux en nombre aux SS[3]. Eux ignorant que nous étions là. Aux yeux qui imploraient partout autour de moi le signal d'ouvrir le feu, j'ai répondu non de la tête... Le soleil de juin glissait un froid polaire dans mes os.

Il est tombé comme s'il ne distinguait pas ses bourreaux et si léger, il m'a semblé, que le moindre souffle de vent eût dû le soulever de terre.

Je n'ai pas donné le signal parce que ce village devait être épargné *à tout prix*. Qu'est-ce qu'un village ? Un village pareil à un autre ? Peut-être l'a-t-il su, lui, à cet ultime instant ?

RENÉ CHAR, « Feuillet 138 », in *Feuillets d'Hypnos* recueilli dans *Fureur et mystère*, © Gallimard.

---

1. **Maquisard** : résistant qui a pris les armes et se cache dans le maquis.
2. **Céreste** : petite ville de Provence.
3. **SS** : la *Schutzstaffel* ou SS était constituée de divisions d'élite très fidèles au pouvoir nazi. Pendant la Seconde Guerre mondiale, la SS était chargée des opérations militaires et de police contre les groupes de résistants.

DOCUMENT 4 ***Un dilemme moderne***

Planche extraite de *Ainsi soient-ils* de Lénaïc Vilain, Makaka Éditions, 2013.

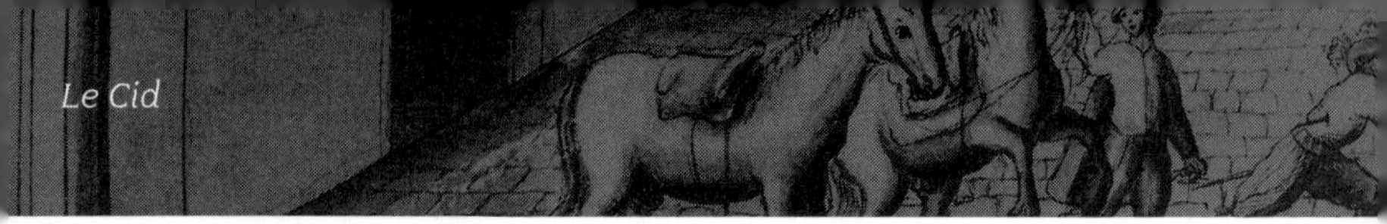

As-tu bien lu ?

1 **Document 1**
Les Romains semblent refuser que Titus épouse Bérénice :
☐ parce qu'elle est étrangère
☐ parce qu'elle est reine
☐ parce qu'elle est peu vertueuse

2 **Document 2**
Jean Valjean décide finalement de révéler sa véritable identité parce que ne rien dire ni faire, ce serait :
☐ se montrer lâche
☐ se soumettre passivement à la volonté de Dieu et au destin
☐ trahir son idéal de vie, ses valeurs

3 **Document 3**
Pourquoi le narrateur n'a-t-il pas « pressé la détente du fusil-mitrailleur » ni donné l'ordre d'attaquer ?
☐ Cela n'aurait servi à rien, les SS étant en surnombre.
☐ Il a eu peur.
☐ Il n'a pas voulu sacrifier tous ses hommes pour sauver un seul combattant.
☐ Il n'a pas voulu que le village subisse les conséquences d'une attaque.

Sacrifier son bonheur au nom de...

4 Propose un titre qui résume le dilemme présent dans chacun de ces trois textes.

5 Tous les personnages arrêtent-ils une décision ? Comment s'exprime, dans chacun des textes, la difficulté de prendre une décision ?

6 Quel est le dilemme le plus proche de celui de Rodrigue dans *Le Cid* ? Quelle est néanmoins la différence ?

Des cas de conscience individuels

7 Comment s'exprime l'isolement du personnage qui hésite ? Dans quelle mesure est-il « seul face aux autres » ? Dans quelle mesure est-il « seul face à lui-même » ?

8 Relève, dans les textes, le vocabulaire des sentiments et celui de la morale.

Lire l'image

9 Quel est le dilemme du personnage ?

10 Quels effets sont tirés du découpage en 19 images du récit ?

11 En quoi cette planche est-elle satirique* ?

Faire le bilan

12 **Définir.** À l'aide d'un dictionnaire, propose une définition du dilemme tragique, du cas de conscience et du conflit de valeurs.

13 **Réfléchir.** Les valeurs auxquelles adhère Jean Valjean sont-elles les tiennes ? Rédige un paragraphe sur ce dilemme.

Écrire maintenant

14 **Un dilemme moderne.** Imagine les pensées du personnage du document 4 sous forme de monologue.

Le duel est un combat singulier entre deux adversaires dont l'un exige de l'autre la réparation par les armes d'une offense. Il est convenu à l'avance et soumis à des règles précises. À l'époque de Corneille, malgré les différents édits royaux visant à l'interdire, c'est une pratique très répandue dans la noblesse pour résoudre les affaires d'honneur. Les deux duels qui, dans Le Cid, *opposent Rodrigue au Comte puis à don Sanche, en témoignent. Il faut attendre le* xxe *siècle pour que ce rituel aristocratique tombe en désuétude.*

D'où vient la pratique du duel ? Quelles en étaient les règles ? Pourquoi eut-elle un tel succès ?

Il était une fois le duel...

L'ENQUÊTE EN 5 ÉTAPES

1 Quelles sont les origines du duel ?

Dans l'Iliade, Homère donne la première description de combats singuliers, l'hoplomachie[1], ancêtre de l'escrime. Puis, avec la conquête romaine, l'escrime laisse la place à des combats de gladiateurs, cruels et sanglants. Mais c'est au Moyen Âge que le duel[2] naît réellement.

● LE COMBAT CHEVALERESQUE

La chevalerie, institution militaire propre à la noblesse féodale et dont les membres étaient consacrés religieusement, voit le jour en Europe autour de l'an 1000. Pendant leur enfance, les futurs chevaliers apprennent à monter à cheval, à chasser et à manier les armes. L'entrée en chevalerie est peu à peu codifiée et délimite dans la société féodale un groupe de combattants destinés à protéger les autres groupes sociaux. Ces combattants révèlent leur vaillance dans la guerre, mais aussi dans des combats singuliers, duels judiciaires et tournois.

D'où vient le mot « escrime » ?

À partir du verbe francique[3] skirmjan, *qui signifie « protéger », l'ancien français a formé* escremie *ou* eskermie *pour désigner l'escrime. Dans les romans de la Table ronde, les joueurs d'épée sont qualifiés d'*escrimisseurs *ou d'*eskermisors.

● LE DUEL JUDICIAIRE (OU ORDALIE)

Le duel judiciaire apparaît dans les pays germaniques au début du Moyen Âge. Il est alors utilisé comme preuve juridique pour trancher des conflits concernant des crimes ou la propriété de terres. L'issue du combat est considérée comme un jugement de Dieu : le vainqueur est automatiquement déclaré innocent ou dans son bon droit, et le vaincu, réputé coupable, doit subir la peine méritée par son crime. Seul le roi a le droit de grâce. Les nobles se battent à cheval, avec des armes de

1. Du grec *hoplomakhia* (*hoplon*, « arme » et *makhê*, « combat ») qui désigne un combat entre deux fantassins lourdement armés.

2. Du latin *duellum*, forme archaïque de *bellum*, la « guerre ». Désigne un combat par les armes entre deux adversaires, combat soumis à des règles strictes et convenues d'avance.

guerre. Les non-nobles se battent à pied avec des bâtons.

La pratique du duel judiciaire s'étend progressivement dans le monde occidental. En France, elle se généralise entre les Xe et XIIe siècles. Mais c'est souvent le plus fort qui l'emporte et la justice de Dieu et du suzerain semble parfois bien aveugle.

● LE DUEL D'HONNEUR

Saint Louis (1214-1270) tente de supprimer l'ordalie et de la remplacer par une procédure judiciaire reposant sur la recherche de preuves matérielles définitives. Le duel judiciaire disparaît peu à peu, sans pour autant mettre fin aux querelles d'honneur entre gentilshommes. Une nouvelle forme de duel apparaît : le duel d'honneur. Les nobles se battent à l'épée et à la dague[4] pour laver un affront et montrer leur bravoure, et non plus pour faire triompher la justice de Dieu et du roi.

Combat singulier soumis au jugement de Dieu. Gravure sur bois de 1866 d'après une enluminure du XVe siècle.

3. Langue des Francs.

4. Épée à lame large et courte que l'on portait au côté droit.

● LES TOURNOIS

Les premiers tournois, organisés au XIe siècle, imitent les combats guerriers. Ils commencent avec des lances et se terminent le plus souvent dans un corps à corps à l'épée non codifié. Vers le XIIe siècle, le tournoi devient une véritable fête. Des arbitres veillent au bon déroulement des épreuves qui ont désormais lieu dans un endroit clairement délimité, la lice[5]. Tout autour se pressent jongleurs, acrobates et marchands : le tournoi est un véritable spectacle. L'épreuve reine est la joute (duel à la lance et à cheval). Le duel à terre, quant à lui, est une véritable démonstration d'escrime. On y utilise la masse de bois, la hache, la dague et des armes émoussées, dites courtoises. Au XVe siècle, des tournois fastueux permettent à la noblesse de se mettre en valeur.

Une tragique erreur judiciaire

Un des derniers duels judiciaires eut lieu le 29 décembre 1386, à Paris, entre deux gentilhommes normands, Jacques Le Gris et Jean de Carrouges. La femme de celui-ci accusa celui-là d'avoir profité de l'absence de son mari pour s'introduire au château afin d'abuser d'elle. Malgré les protestations d'innocence de Le Gris, et à défaut de preuves, le roi Charles VI ordonna un duel judiciaire dont Carrouges sortit vainqueur. Le Gris, encore vivant, fut pendu. Quelque temps après, un malheureux, condamné à mort pour d'autres crimes, s'accusa du forfait. Le Gris était donc innocent...
La dame, quant à elle, fit vœu de chasteté perpétuelle et se retira dans un couvent après la mort de son mari.

5. Champ clos par une palissade où se déroulaient les joutes et les tournois.

2 Comment se développe et se codifie la pratique du duel ?

Avec l'évolution des armes et le développement de la science de l'escrime, les temps modernes voient le duel glisser peu à peu de l'activité guerrière vers le combat à l'épée, forme d'art martial extrêmement codifiée.

• L'ÉVOLUTION DES ARMES DE COMBAT

Au Moyen Âge puis au début des temps modernes, les armes se perfectionnent et se diversifient. Ainsi, au cours du XVe siècle, les armes à feu complètent puis remplacent l'épée à deux mains[1] et la lance sur les champs de bataille.

Cependant, les seigneurs continuent de s'affronter à l'épée ou à la dague. En France, en Espagne, en Allemagne et en Italie existent des forges renommées où l'on fabrique des armes décorées avec art.

Au XVIe siècle, la rapière[2], originaire d'Espagne, remplace l'épée à deux mains. Cette nouvelle arme de duel, longue et fine, est idéale pour les coups d'estoc[3]. Il ne s'agit plus seulement d'être fort : désormais, la victoire au combat requiert également habileté et finesse.

Art de l'escrime : les différentes positions. Planche tirée de *L'Encyclopée* de Diderot et d'Alembert (1751-1757).

1. Longue et forte épée qui se maniait avec les deux mains.
2. Épée longue et effilée à garde
3. Pointe de l'épée.

• À L'ÉCOLE DES MAÎTRES D'ARMES ITALIENS

Tout autant que l'évolution des armes, le développement de l'escrime est déterminant dans l'histoire du duel. C'est dans l'Italie de la Renaissance que l'art de manier l'épée prend son essor. Des écoles renommées sont fondées à Rome, Naples, Vérone, Venise, où nombre de nobles français apprennent le maniement des armes. De nombreux traités sont publiés. Les maîtres d'armes italiens viennent à la cour de France pour enseigner le maniement de la rapière. Le roi Henri III (1551-1589), l'un des meilleurs escrimeurs du royaume, prend ainsi des cours avec le maître italien Silvie.

À la même époque, le juriste italien Andrea Alciati rédige le premier ouvrage codifiant la pratique du duel. Il précise la notion de point d'honneur et prévoit les réparations selon la nature des offenses. Ces réparations peuvent aller du duel au premier sang[4] jusqu'au duel à mort.

• LA MODE DU DUEL

Les rois de France entreprennent rapidement d'encadrer la pratique de l'escrime : ainsi, en 1567, Charles IX fait publier les ordonnances accordant un statut aux maîtres d'armes. Mais, très vite, cette pratique dégénère dans une société violente : dès la fin du XVIe siècle, on prend l'habitude de recourir au duel au moindre prétexte. C'est l'occasion d'en découdre entre gens de qualité sans passer par la justice royale. On se déplace alors avec des seconds qui, eux aussi, se battent. Les mignons (les favoris) d'Henri III, très belliqueux, organisaient de véritables batailles entre bandes et n'avaient de cesse que de laisser leurs adversaires morts sur le terrain.

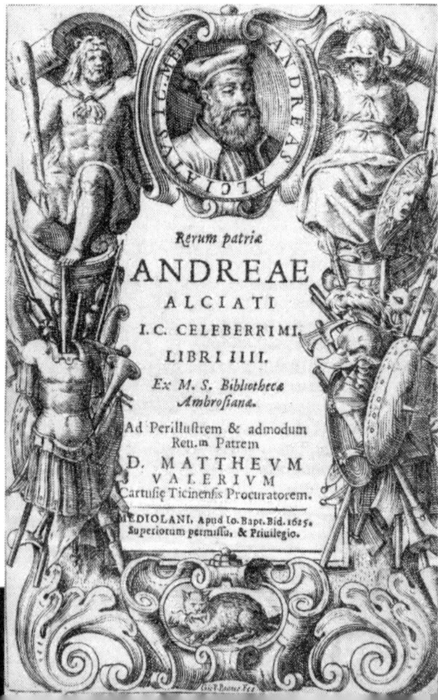

Couverture du livre d'Andrea Aleiati, *Rerum Patriae*. Milan, Bidelli, 1625.

4. Duel qui doit s'arrêter au premier sang qui coule.

Le coup de Jarnac

En 1547, une querelle éclata entre Guy Chabot, baron de Jarnac, et La Châtaigneraie, favori du roi Henri II : des propos déformés du second parvinrent aux oreilles du premier, qui mettaient en jeu son honneur. Le roi accepta l'arbitrage des armes. Alors qu'il allait être vaincu, Jarnac frappa son adversaire d'un coup au jarret, inattendu mais loyal[5], et La Châtaigneraie, rendu inoffensif, s'écroula. Humilié par sa défaite, La Châtaigneraie arracha ses pansements et mourut des suites de sa blessure.

Duel de Jarnac. Gravure du XIXe siècle, collection particulière.

5. D'où l'expression **coup de Jarnac :** coup décisif et surtout inattendu, dont on ne connaît pas la parade. Par extension, l'expression prit le sens plus péjoratif de coup déloyal, porté en traître

3 Qui se bat, et pourquoi, à l'époque de Corneille ?

Au XVIIe siècle, le duel est une pratique tellement répandue parmi la noblesse qu'elle en décime les rangs. Louis XIII et Richelieu puis Mazarin et Louis XIV s'attaquent au problème mais leurs édits restent lettre morte.

● QU'EST-CE QU'UN DUEL ?

Le duel diffère d'un simple affrontement par un cérémonial et des règles strictes qui en déterminent le degré de violence en fonction de la gravité du litige. On se bat en duel pour laver un affront et venger son honneur. En général, l'offensé a le choix de l'heure, du lieu et des armes. Les duels se déroulent habituellement au petit matin, dans des lieux retirés, en présence de témoins (aussi appelés « seconds ») qui eux aussi se battent.

● QUI SE BAT ?

Au XVIIIe siècle, le duel reste un privilège de la noblesse. Certains nobles peuvent être qualifiés de « duellomanes ». Ils ne se battent plus seulement au Pré-aux-Clercs, en bordure de Seine, ils s'affrontent aussi en pleine rue, sur les places publiques. Certains, comme M. de Sainte-Foix, provoquent les passants dans la rue pour le seul plaisir de se battre en duel. Le duel est une façon de prouver sa vaillance et de s'affranchir de la tutelle royale. Les duellistes sont le plus souvent des hommes. Durant la Fronde[1], on connaît certains affrontements entre femmes, mais le cas de Mademoiselle de Maupin reste exceptionnel (voir p. 174).

« Mourir ou tuer »

Pour les jeunes gens de l'aristocratie, se battre, c'est montrer sa noblesse et se rendre digne de sa lignée. L'honneur aristocratique implique qu'on fasse ses preuves dans le maniement de l'épée et qu'on méprise la mort. C'est en se battant que tout jeune gentilhomme montre son courage : « mourir ou tuer » est un code d'honneur qu'il accepte.

1. Nom donné aux troubles civils qui secouent la France de 1648 à 1653, au cours desquels la noblesse (Fronde des princes) et le parlement (Fronde parlementaire), mécontents du renforcement du pouvoir royal, tentent de recouvrer leurs anciennes prérogatives.

L'un des nombreux duels publics du comte de Bouteville (ici, en 1627). Aquarelle de 1910.

• POURQUOI SE BAT-ON ?

Les causes d'un duel sont souvent plus ou moins vagues, difficilement vérifiables, rarement fondées : un mauvais regard, un mot, une affaire de femme, l'honneur de la famille, une simple affaire de préséance entre écuyers de grands seigneurs... Les modes de provocation sont nombreux : bousculade, soufflet, mais aussi envoi d'un cartel[2] officialisant l'appel au duel.

Les périodes où les duels sont nombreux correspondent aux périodes de faiblesse du pouvoir royal auquel la noblesse, turbulente et contestataire, refuse de se soumettre. Quand le pouvoir royal se renforce, le duel incarne aussi une sorte de droit à la révolte, une manifestation de la liberté des nobles. Ainsi, quand Richelieu veut obliger les grands seigneurs à rentrer dans le giron du pouvoir royal, il promulgue deux édits contre le duel (en 1626 et 1634). Malgré leur interdiction définitive en 1645, durant la Fronde, les duels font à nouveau rage : Madame de Sévigné[3], alors toute jeune, y perd son époux en 1651.

Portrait de Madeleine de Maupin dessiné par Théophile Gautier (XIXe siècle). Paris, bibliothèque de l'Institut de France.

Mlle de Maupin

Élevée par son père, Julie d'Aubigny (née en 1670) possède plusieurs talents : elle chante mais elle pratique aussi l'escrime et l'équitation. Après son mariage avec un certain Maupin, elle fréquente les salles d'armes et les manèges parisiens sous le nom de Mlle de Maupin. Elle y rencontre un maître d'armes avec qui elle s'enfuit. C'est le début d'aventures rocambolesques où elle se conduit comme un homme, enlevant des jeunes filles, les abandonnant, provoquant des hommes en duel et les laissant parfois au tapis, blessés. Elle voyage en France et en Europe où, parallèlement à sa vie sulfureuse, elle se produit comme chanteuse d'opéra. Elle meurt en 1707, presque oubliée.

2. Carte, papier par lequel on provoquait quelqu'un en duel.

3. La marquise de Sévigné (1626-1696) est l'auteur de célèbres *Lettres* en majorité destinées à sa fille.

4 Comment le duel finit-il par disparaître ?

Loin de disparaître avec l'Ancien Régime, la pratique du duel s'intensifie aux XVIIIe et XIXe siècles en même temps qu'elle se démocratise : roturiers, militaires, bourgeois y recourent eux aussi pour régler des questions d'honneur.
Tout est prétexte à affrontement : les affaires, la politique et même la littérature.

● UNE LÉGISLATION SÉVÈRE...

Entre 1608 et 1723, huit édits[1] royaux mettent le duel hors la loi, mais ils sont peu appliqués par les juges. Ainsi, en 1609, Henri IV promulgue un édit draconien qui assimile le duel à un crime de lèse-majesté et prévoit la peine de mort pour le vainqueur ; mais, assassiné un an après, il ne peut le faire appliquer.

En 1626 et 1634, Louis XIII et Richelieu légifèrent à leur tour pour abolir le duel et mettre en place des instances chargées de prévenir et de régler les conflits. Car les chiffres sont alarmants : de 1588 à 1608, le duel tue quelque 10 000 gentilshommes, dépeuplant par là même les rangs de l'armée du roi, dont les effectifs peuvent s'avérer insuffisants en cas de guerre.

● ... MAIS PEU APPLIQUÉE

Cependant, aux XVIIe et XVIIIe siècles, les duellistes sont rarement poursuivis et encore moins condamnés. Si le Roi-Soleil se sert de la loi anti-duel pour réduire l'influence de la noblesse après la Fronde des princes, il applique ensuite la règle de manière peu régulière. De plus, durant le règne de Louis XIV, il semble que la pratique du duel s'affaiblisse, comme passée de mode. À moins que les duellistes ne se soient moins vantés de leurs combats et que ceux-ci, plus discrets, aient été tolérés. Enfin, les rois eux-mêmes recrutent d'habiles bretteurs[2] pour leur garde rapprochée : les mousquetaires[3].

1. Acte législatif émanant du roi s'appliquant dans tout le royaume

2. **Bretteur** (de *brette*, ancienne épée) : homme qui aime se battre à l'épée

3. En 1622, Louis XIII, ayant armé de mousquets la compagnie des carabins créée par Henri IV pour sa garde personnelle, lui fait prendre le nom de mousquetaires

Une condamnation pour l'exemple

Le comte de Bouteville, 27 ans et 22 duels à son actif, appartient à la vieille noblesse française et à une célèbre lignée de combattants : quand il n'est pas au front, il se bat régulièrement en duel ! Alors que Richelieu, le 2 juin 1626, promulgue un édit interdisant le duel sous peine de mort, François de Bouteville décide d'aller se battre en plein jour et en plein Paris, place Royale. Il sera décapité place de Grève le 21 juin 1627, sur ordre du cardinal.

Illustration de Maurice Leloir (1859-1940) pour *Les Trois Mousquetaires* (détail), gravure.

Les mousquetaires du roi

Le corps des mousquetaires du roi est créé en 1622. Recrutés uniquement parmi les meilleures familles de France, ils portent une casaque bleue ornée d'une grande croix d'argent. Ce corps d'élite, qui combat indifféremment à pied ou à cheval, forme la garde habituelle du roi à l'extérieur mais ne pénètre jamais dans ses appartements. Supprimée en 1646 par Mazarin, la compagnie est rétablie en 1657 par Louis XIV. Elle compte alors 150 hommes. Vers 1664 ses effectifs sont doublés. En 1776, les mousquetaires sont supprimés pour raison d'économie par Louis XVI.
Réorganisés à deux reprises, ils disparaissent définitivement en 1815.

QUI SONT LES DUELLISTES DU XIXe SIÈCLE ?

Ce sont d'abord des militaires, le duel étant une marque de l'honneur et de la bravoure du soldat. Le retour de l'armée napoléonienne et la militarisation de la société au cours du premier XIXe siècle entraînent une recrudescence de la pratique du duel. Puis celle-ci s'estompe et devient l'apanage du corps des officiers, qui manifestent ainsi leur distinction au sein de l'armée comme du nouveau régime républicain.

Mais ce sont aussi des membres de la société civile : les duels d'honneur au XIXe siècle opposent principalement des hommes politiques, soucieux de montrer leur bonne foi et leur honnêteté, et des journalistes. La plupart des grands noms du siècle se retrouvent sur le terrain, souvent pour des motifs futiles.

UNE OPINION PUBLIQUE PARTAGÉE

Dramatiques par nature, les duels attirent les curieux. Les journaux en rendent compte dans des récits saisissants, appréciés du public... Le législateur peine à condamner une pratique conçue comme éminemment virile et porteuse d'une valeur, l'honneur, qui structure toujours la société à l'époque républicaine. Pourtant, à la fin du siècle, chansonniers et auteurs de vaudevilles commencent à moquer les duellistes et leur pratique d'un autre temps.

La Première Guerre mondiale met fin presque définitivement aux duels, rendus obsolètes par les combats et les armes de masse.

Le choix des armes

Au XIXe siècle, le duel est très codifié : les duellistes (l'offensé et l'offenseur), par l'intermédiaire de leurs témoins (deux pour chacun des combattants), fixent les conditions de l'affrontement (distance de feu, nombre de balles à tirer, arrêt au premier sang versé ou combat à mort). On se bat au pistolet, à l'aube, dans des lieux précis, comme le bois de Boulogne. La violence s'estompe peu à peu et les morts se raréfient (la dernière recensée date de 1903). Les sports de combat (escrime et « savate[4] ») vont peu à peu remplacer les duels de sang.

4. Sport de combat dans lequel on peut frapper avec les pieds et les poings.

5 Quelle image du duel la littérature et le cinéma véhiculent-ils ?

De « mauvaises lectures » ont-elles nourri l'imaginaire des artistes ? Comment et quand le duel devient-il un motif littéraire ?

● THÉÂTRE ET ROMANS AU XVIIe SIÈCLE

Matamores et Capitans[1] envahissent la scène théâtrale de la première moitié du XVIIe siècle et posent le problème du héros tout en le parodiant. Avec Molière, la comédie jette le discrédit sur le duel : dans *Les Fâcheux* (1661), Fraste, naguère brillant bretteur, refuse le duel. Entre 1600 et 1715, 141 pièces évoquent le duel.

Cependant, malgré l'apparition d'un nouveau type de chevalier, celui de Don Quichotte[2], les héros chevaleresque des romans du XVIIe siècle sont toujours ceux des romans du Moyen Âge : Lancelot reste le prototype du héros combattant.

● LE XIXe SIÈCLE ET LA LITTÉRATURE DU DUEL

Le XIXe siècle marque les véritables débuts de la littérature du duel. Mis à la mode par les romantiques, les romans de cape et d'épée connaissent un vif succès. Leurs personnages sont puisés dans les siècles où le duel faisait rage : ainsi, Alexandre Dumas, dans *Les Trois Mousquetaires* (1844), choisit pour héros de célèbres bretteurs de l'époque de Louis XIII. Julie d'Aubigny, qui s'habillait en homme et portait l'épée, inspire la *Mademoiselle de Maupin* de Théophile Gautier (1835-1836). La Régence sert de cadre au roman *Le Bossu* de Paul Féval (1857), dans lequel la célèbre botte[3] de Nevers permet au chevalier de Lagardère de sauver Aurore d'un destin tragique.

Au théâtre, Edmond Rostand crée le personnage de Cyrano de Bergerac dans la pièce du même nom (1897), lequel devient le duelliste type avec sa célèbre tirade « À la fin de l'envoi, je touche ».

1. Matamore, Capitan, Fièrabras : personnages types de la commedia dell'arte, bretteurs parodiques et ridicules

2. Héros du roman éponyme de l'écrivain espagnol Cervantès (1605-1615), qui parodie les récits de chevalerie alors très en vogue

3. En escrime, coup de pointe donné avec le fleuret ou l'épée.

Clint Eastwood dans *Le bon, la brute et le truand*, film de Sergio Leone, 1966.

LE DUEL AU CINÉMA

Ces textes célèbres ont très tôt inspiré le cinéma : les films de cape et d'épée mettent en scène des duels pleins de rebondissements et d'intensité. Outre les multiples versions des *Trois Mousquetaires* ou du *Bossu*, d'extraordinaires scènes de duel existent dans de grands films hollywoodiens, comme *Le Prisonnier de Zenda*, de Richard Thorpe, sorti en 1952.

Mais le cinéma américain a mis au goût du XXe siècle un autre type de duel, où le revolver remplace l'épée : le duel de western. Là encore, la liste est longue : citons *Duel au soleil ou la Vengeance aux deux visages* (King Vidor, 1946), voire *Le train sifflera trois fois* (Fred Zinnemann, 1952). Duels parodiés à merveille par les westerns spaghettis de l'Italien Sergio Leone[4].

Les duels du XXe siècle

Les duels de la fiction entretiennent l'idée du combat singulier et de la défense de son honneur : dans certains milieux, on a toujours recours aux armes pour laver un affront. Les journalistes peuvent être provoqués en duel par des personnes mises en cause dans leurs articles… Plus près de nous, des hommes politiques (en 1967, Gaston Defferre, qui fut maire de Marseille, député, sénateur et ministre, affronta le député René Ribière, qu'il avait traité d'imbécile) se sont battus en duel, de même que des hommes de lettres : ainsi, en 2008, en Belgique, un écrivain et son éditeur se sont affrontés en combat singulier pour les droits d'un livre écrit par le premier…

4. En particulier le célèbre *Il était une fois*

Petit lexique littéraire et dramatique

Actant	Personnage ou force.
Adjuvant	Désigne l'actant (personnage ou force) qui aide le sujet (le héros, le protagoniste) dans sa quête.
Alexandrin	Vers de douze syllabes, composé de deux *hémistiches* (de six syllabes chacun) autour d'une pause centrale, la césure.
Allitération	Répétition d'un même son consonne dans une suite de mots rapprochés.
Anaphore	Répétition, en tête de proposition, de vers ou de phrase, d'un mot ou d'un groupe de mots.
Antithèse	Rapprochement et mise en contraste de deux propositions de sens opposé.
Assonance	Répétition d'un même son voyelle dans une suite de mots rapprochés.
Baroque	Esthétique privilégiant le bizarre, l'exubérance, l'irrégularité, supplantée en France par le classicisme vers 1660.
Bienséance	Règle de la dramaturgie classique obligeant à respecter les conventions morales et esthétiques du public.
Césure	Pause à l'intérieur d'un vers. La césure partage l'alexandrin en deux hémistiches (demi-vers de six syllabes chacun).
Chiasme	Figure consistant à créer une structure ab-ba, c'est-à-dire à inverser des éléments couplés (lexicaux, grammaticaux, sémantiques) dans une phrase, un groupe de phrases, un texte...
Classicisme	Terme forgé au XIXe siècle, pour désigner la période comprise entre les années 1660 et 1680-1685 et l'esthétique caractérisée par le respect, au théâtre, des règles de bienséance, de vraisemblance et des trois unités.
Cornélien (conflit, dilemme)	Conflit caractéristique du théâtre de Corneille, marqué par l'opposition entre l'amour et l'honneur.
Coupe	Pause dans le rythme du vers.
Décasyllabe	Vers de dix syllabes.

Délibératif (discours)	Discours dans lequel un personnage analyse tous les aspects d'un problème dont il cherche la solution.
Dénouement	Partie finale d'une pièce de théâtre dans laquelle les conflits de l'intrigue sont résolus.
Didascalies	Indications scéniques données par l'auteur, notées entre parenthèses et en italique dans le texte.
Diérèse	Dans un vers, prononciation en deux syllabes de deux voyelles que l'on prononce ordinairement en une seule fois (*ambiti-on* = 2 syllabes).
Dilemme	Alternative qui met en jeu deux propositions contraires ou contradictoires entre lesquelles le personnage doit choisir.
Dramaturge	Auteur de théâtre.
Dramaturgie	Ensemble des procédés utilisés par un auteur de théâtre pour construire sa pièce.
Élégiaque (registre)	Registe de la plainte, de la lamentation triste et résignée.
Enjambement	Dans un vers, poursuite d'une phrase ou d'une proposition sur le vers suivant.
Épique (registre)	Utilisé pour évoquer un événement grandiose par lequel un personnage modifie et façonne l'histoire, et propre à provoquer l'admiration du public.
Éponyme	Se dit du personnage dont le nom sert de titre à l'œuvre.
Épopée	Récit qui exalte des héros et raconte leurs exploits, souvent guerriers.
Exposition	Première(s) scène(s) d'une pièce de théâtre où sont présentés la situation de départ et les personnages.
Gradation	Succession de plusieurs termes, classés par ordre croissant (gradation *ascendante*) ou décroissant (gradation *descendante*).
Hémistiche	Moitié de vers définie par la césure.
Héroïque (registre)	Utilisé pour magnifier les exploits des personnages par l'usage d'images saisissantes.
Hexasyllabe	Vers de six syllabes.
Hyperbole	Figure de style consistant à amplifier, à exagérer une idée pour la mettre en relief.
Intrigue	Ensemble des événements avec péripéties et rebondissements qui constituent l'action d'une pièce de théâtre
Ironie	Forme d'expression consistant à dire le contraire de ce que l'on pense.
Litote	Figure de rhétorique consistant à dire le moins pour laisser entendre le plus (Chimène à Rodrique au vers 963 [III, 4] : « Va, je ne te hais point »).

Lyrique (registre)	Utilisé pour exprimer des sentiments amoureux ou amicaux, associés à des images et un rythme vifs. Le lyrisme élégiaque est douloureux et plaintif.
Métaphore	Figure de style consistant à désigner un objet ou une idée par le nom d'un ou d'une autre, plus concrèt(e).
Métonymie	Figure de style consistant à remplacer un terme par un autre en vertu d'une relation logique (le contenant pour le contenu, la cause pour l'effet...).
Monologue	Au théâtre, tirade prononcée par un personnage seul en scène.
Octosyllabe	Vers de huit syllabes.
Opposant	Actant qui s'oppose à la quête du protagoniste.
Oxymore	Figure de style consistant à associer deux mots de sens opposés (un *jeune vieillard*).
Pathétique (registre)	Utilisé pour susciter une émotion intense.
Péripétie	Événement soudain et imprévu qui vient bouleverser l'action.
Périphrase	Figure de style consistant à désigner une notion, une réalité, avec plusieurs mots là où un seul suffirait.
Personnification	Figure de style consistant à attribuer à un objet, à une abstraction, ou à un animal des caractéristiques humaines.
Protagoniste	Sujet, héros.
Quiproquo	Il consiste à prendre une chose pour une autre, la méprise pouvant porter sur un personnage, une situation, un mot ou un objet.
Récit (au théâtre)	Narration, par un personnage, rendant compte d'un événement survenu hors scène.
Registre	Catégorie d'émotion (joie, angoisse, admiration, plainte...) ressentie par le lecteur ou le spectateur.
Sentence	Formule frappante à caractère moral.
Stances	Monologue en strophes lyriques de composition régulière.
Stichomythie	Dialogue où les personnages se répondent vers par vers, donc serré et rapide.
Sublime	État exceptionnel ou idéal du héros qui, ayant atteint sa pleine dimension, s'offre à l'admiration des spectateurs.
Tirade	Au théâtre, longue prise de parole d'un personnage.

Tragédie Développant une action sérieuse dont le sujet est emprunté à l'Histoire ou à l'Antiquité, la tragédie met en scène des personnages illustres en lutte contre le destin, et cherche à provoquer des sentiments de crainte et de pitié chez le spectateur.

Tragi-comédie Genre lié à l'esthétique baroque, très en vogue en France dans le premier quart du XVIIe siècle. La tragi-comédie se caractérise par un sujet romanesque, une action fertile en rebondissements, un dénouement heureux et une mise en scène spectaculaire. Elle mêle plusieurs tons (tragique, pathétique, comique), réunit langages noble et commun, rois et paysans.

Tragique (registre) Expression d'un malheur inéluctable dont on ne peut se sortir, sinon par la mort. Met en évidence la situation de victime d'un être face à des forces qui le dépassent.

Unités (règle des trois) Règle de la dramaturgie classique qui impose que l'action soit unique (*unité d'action*), qu'elle se déroule en un seul lieu (*unité de lieu*), et ne dure qu'une seule journée (*unité de temps*).

Vraisemblance Règle de la dramaturgie classique qui exige que l'action soit vraisemblable, c'est-à-dire qu'elle paraisse vraie (même si elle ne l'est pas).

Petit lexique cornélien

Cœur Au XVIIe siècle : 1. courage ; 2. ensemble des sentiments.

Courage Au XVIIe siècle, doublet de *cœur* dont le mot dérive : qualités de vaillance et d'énergie d'une âme incapable de faiblesse ou de lâcheté.

Devoir Obligation morale éprouvée par piété filiale ou amoureuse.

Généreux Celui qui est d'une bonne et noble famille (*généreux* est formé sur le latin *gens*, « race, lignée »). Le *généreux* est celui dont l'âme est noble et grande, et qui préfère l'honneur à tout.

Gloire Honneur acquis par son mérite ou par ses actions ; réputation.

Honneur Sentiment de ce que l'on se doit à soi-même pour être digne de sa lignée.

Sang Famille, lignée.

Vertu 1. valeur guerrière, courage montré au combat ; 2. sens du devoir.

À lire et à voir

• SUR L'HISTOIRE DU DUEL

Pierre Lacaze
En garde. Du duel à l'escrime, Gallimard, coll. « Découvertes », 1991

Passage en revue de l'histoire du combat singulier depuis les gladiateurs jusqu'aux fleurettistes modernes. Où l'on apprend que la botte de Nevers est une invention de Paul Féval et que le coup de Jarnac fut tout à fait régulier...

Pascal Brioist, Hervé Drévillon, Pierre Serna
Croiser le fer : violence et culture de l'épée dans la France moderne (XVIe-XVIIIe siècle), Éditions Champ Vallon, 2008

Vaste enquête où les auteurs montrent que le maniement de l'épée, « art de vivre » et symbole de l'identité des nobles, n'est que l'envers d'un « art de tuer » interdit par la loi.

• DICTIONNAIRE DE THÉÂTRE

André Degaine
Le Théâtre raconté aux jeunes : le grand théâtre a toujours été civique, des Grecs à nos jours, Éditions Nizet, 2006

Divisé en trois parties : I. Le temps du service public, II. Le temps des auteurs, III. Le temps des metteurs en scène, cet ouvrage invite à un parcours de l'histoire du théâtre illustré de croquis pris sur le vif, de documents d'époque, de reconstitutions didactiques, de BD...

DUELS EN TOUS GENRES

Alexandre Dumas, *Les Trois Mousquetaires*, 1844

D'Artagnan et ses trois amis, Athos, Aramis et Porthos, se battent contre les agents de Richelieu, pour l'honneur du roi et de la reine…

Paul Féval, *Le Bossu*, 1857

Roman de cape et d'épée, où l'on croise divers personnages historiques, tels que le régent Philippe d'Orléans, l'abbé Dubois, le banquier John Law et jusqu'au tsar Pierre le Grand.

Déguisé en bossu, le jeune Henri de Lagardère s'introduit dans l'entourage du prince Philippe de Gonzague, l'assassin du duc de Nevers, à qui il a promis de protéger sa fille Aurore et qui lui a confié, avant de mourir, le secret de sa célèbre botte…

Joseph Conrad, *Le Duel*, 1908

Deux hussards de Napoléon Ier, Gabriel Féraud et Armand d'Hubert, passent leur vie à s'affronter en combat singulier, à l'épée de cour, au sabre en chargeant à cheval, dans une écurie, puis au pistolet à partir de la retraite de Russie.

LE THÉÂTRE AU XVIIe SIÈCLE

Théophile Gautier, *Le Capitaine Fracasse*, 1853

Sous le règne de Louis XIII, un jeune aristocrate, le baron de Sigognac, s'engage dans une troupe de comédiens ambulants et parcourt la France.

Mikhaïl Boulgakov, *Le Roman de Monsieur de Molière*, 1936
Traduit du russe par Michel Pétris, Gallimard, coll. « Folio », 1993

La vie de Molière racontée par un narrateur omniscient, où l'on croise Corneille, Racine, Molière, Lully…

• *LE CID* EN BD

David Vandermeulen et Morvandiau, *Le Cid (version 6.0) de Pierre Corneille*, Éditions Rackham, 2004

Scénarisé par Vandermeulen et illustré par Morvandiau, *Le Cid* devient une... comédie ! Le texte original a été adapté, l'intrigue et le vocabulaire simplifiés, de manière à les rendre parfaitement accessibles au jeune public.

• *LE CID* AU CINÉMA

Le Cid, film d'Anthony Mann, 1961

Avec Charlton Heston dans le rôle de Rodrigue et Sophia Loren dans celui de Chimène.

Le Cid, film de Didier Fontan, 2000

Captation de la mise en scène flamenco de Thomas Le Douarec.

Le Cid, film d'animation d'Emmanuel Gorgiard, 2006

Avec les voix de Judith Henry et Sergi Lopez, musique de Titi Robin.

• FILMS DE CAPE ET D'ÉPÉE

Le Bossu, film d'André Hunebelle, 1960

Avec Jean Marais, Bourvil, François Chaumette.

Les Duellistes (The Duellists), film de Ridley Scott, 1977

Film britannique dont le scénario est tiré du *Duel* de Joseph Conrad.

Cyrano de Bergerac, film de Jean-Paul Rappeneau, 1990

Adapté de la pièce d'Edmond Rostand. Avec Gérard Depardieu, Anne Brochet, Vincent Perez, Jacques Weber.

Cyrano, poète et bretteur impavide, aime Roxane, sa belle cousine. Mais celle-ci lui préfère le beau Christian, à qui Cyrano prête sa plume...

Le Bossu, film de Philippe de Broca, 1997

Avec Daniel Auteuil, Vincent Perez, Marie Gillain, Didier Pain, Fabrice Luchini.

● À ÉCOUTER

Le Cid, texte intégral, 2 CD, 1 h 48 min, Livraphone, enregistré le 22 janvier 1955 sur la scène du TNP au palais de Chaillot, à Paris.

Avec les voix de Gérard Philipe, Jean Vilar, Monique Chaumette, Philippe Noiret, Silvia Monfort...

Marc-Antoine Charpentier, « Airs sur les stances du *Cid* », *Les Plaisirs de Versailles*, orchestre des Arts florissants sous la direction de William Christie, 1996

Classiques et Cie Collège - Théâtre

• TITRES POUR LA 6ᵉ

10. MOLIÈRE - Le Médecin malgré lui

PoursevengerdeSganarelle,sonmariquiboitetquilabat, Martine raconte qu'il est un médecin, mais qu'il faut le battre pour qu'il le reconnaisse...

22. MOLIÈRE - Les Fourberies de Scapin

Grâce à Scapin et à ses inventions ingénieuses, l'amour finit par triompher des pères autoritaires.

Une comédie, dont l'objectif est bien de défendre les droits des amoureux et de faire rire des pères trop autoritaires.

30. GRIPARI - Le Bourricot, suivi de Pour l'annonce

Un paysan décide de vendre sa femme à la foire en la faisant passer pour un bourricot. Charles Perrault fait passer un entretien d'embauche au Loup, à la Mère-Grand et au Petit Chaperon rouge avant d'écrire son conte...

58. MOLIÈRE - Le Médecin volant suivi de l'Amour médecin

Comment épouser celui qu'on aime quand son père s'y oppose ? Lucinde et Lucile ont la même idée : feindre la maladie et profiter de la crédulité de leur père.

13. MOLIÈRE, CAMI, TARDIEU, DEVOS, DUBILLARD - Petites Comédies

La Jalousie du Barbouillé de Molière, Un beau rôle ! de Cami, Un mot pour un autre de Jean Tardieu, Tête à queue de Raymond Devos et La Leçon de piano de Roland Dubillard : cinq petites comédies qui permettent de découvrir l'histoire du genre et la diversité des formes de comique.

● TITRES POUR LA 5e

31. MOLIÈRE - Le Bourgeois gentilhomme

Monsieur Jourdain prétend sortir de sa condition bourgeoise en singeant les manières d'un noble.

43. MOLIÈRE - Le Malade imaginaire

Argan, se sentant toujours malade, a pour idée de marier sa fille Angélique au médecin Diafoirus, tandis que celle-ci rêve d'épouser Cléante.

● TITRES POUR LA 4e

27. CORNEILLE - Le Cid

« L'amour n'est qu'un plaisir, l'honneur est un devoir. » Deux amants héroïques déchirés par le conflit de l'amour et de l'honneur.

75. GAUTIER - Regardez mais ne touchez pas

Le cheval de la reine d'Espagne s'est emballé. Personne ne se précipite à son secours : en effet, tout homme qui ose toucher la reine est puni de mort. Mais Béatrix, sa suivante, promet sa main au sauveur, quel qu'il soit...

6. MUSSET - On ne badine pas avec l'amour

Camille et Perdican se retrouvent, après dix ans de séparation, dans le château de leur enfance où ils ont grandi et se sont aimés. Le père de Perdican souhaite les marier...

16. MOLIÈRE - L'Avare

Harpagon compte faire épouser à ses enfants de vieilles personnes riches et se marier avec Mariane. Mais la jeunesse et l'amour l'emportent sur les calculs du vieillard.

69. RACINE - Andromaque

Oreste aime Hermione, qui aime Pyrrhus, qui aime Andromaque. Celle-ci restera-t-elle fidèle à la mémoire de son mari, le Troyen Hector, père d'Astyanax ? Une tragédie qui mêle tous les grands thèmes du théâtre racinien : fatalité, passion et folie.

38. ROSTAND - Cyrano de Bergerac

Cyrano de Bergerac aime en secret sa cousine Roxane mais son long nez disgracieux et sa grande générosité l'amènent à se sacrifier au profit du jeune Christian.

16. SHAKESPEARE - Roméo et Juliette

Les Montaigu et les Capulet sont deux familles déchirées par une haine d'autant plus tenace qu'on en ignore la cause. Issus chacun d'un de ces deux clans, Roméo et Juliette vivent un amour impossible.

55. SOPHOCLE - Antigone

Le tyran Créon a interdit qu'on enterre Polynice, au nom de la raison d'État. Antigone, elle, préfère mourir plutôt que de laisser son frère sans sépulture.

● TITRES POUR LA 3e

45. MOLIÈRE - Les Précieuses ridicules

Magdelon et Cathos, deux jeunes filles arrivées récemment à Paris, repoussent leurs prétendants sous prétexte qu'ils manquent de galanterie et de bel esprit. Ceux-ci décident alors de se venger à l'aide de leurs valets déguisés en gentilhommes...

56. SCHWARTZ - Le Dragon

Une ville tyrannisée par un dragon doit lui livrer en tribut une jeune fille chaque année. Mais les habitants s'y sont habitués et il faut attendre l'arrivée de Lancelot pour que le dragon soit mis hors d'état de nuire.

Table des illustrations

Iconographie : Hatier Illustration
Principe de maquette : Marie-Astrid Bailly-Maître & Sterenn Heudiard
Suivi éditorial : Luce Camus et Laure Ozon-Grisez
Illustrations intérieures : Raphaël Gauthey
Mise en page : CGI

PAPIER À BASE DE FIBRES CERTIFIÉES

Hatier s'engage pour l'environnement en réduisant l'empreinte carbone de ses livres. Celle de cet exemplaire est de : 500 g éq. CO_2
Rendez-vous sur www.hatier-durable.fr

Achevé d'imprimer par Grafica Veneta SpA - Italie
dépôt légal n° 02818-0/06 - Janvier 2021